# LA CURA BIBLICA PARA

---

# PERDER PESO Y GANAR MÚSCULO

---

## DON COLBERT, Dr. EN MED.

CASA CREACIÓN

*La cura bíblica para perder peso y ganar músculo*
por Don Colbert Dr. en Med.

Publicado por Casa Creación
Una compañía de Strang Communications
600 Rinehart Road
Lake Mary, Florida 32746
www.casacreacion.com

A menos que se indique lo contrario, todos los textos bíblicos han sido tomados de la Versión Reina-Valera de 1960.

Este libro no lleva la intención de proporcionar consejos médicos, ni de reemplazar los consejos y el tratamiento de su médico personal. Aconsejamos a los lectores que consulten a su propio médico o a otros profesionales cualificados de la salud con respecto al tratamiento de sus problemas médicos. Ni la casa editora ni el autor toman responsabilidad alguna por las posibles consecuencias de ningún tratamiento, acción o aplicación de medicinas, suplementos, hierbas o preparaciones a ninguna persona que lea o siga la información de este libro. Si los lectores están tomando medicinas recetadas, deben consultar con su médico, y no dejar esas medicinas para comenzar la suplementación sin la debida supervisión de un médico.

Traducido por Andrés Carrodeguas

(año)      07 08 09 10 ✤ 10 9 8 7      (edición)

# Usted es la obra maestra de Dios

Antes de que el dedo de Dios tocara los océanos con su inimaginable poder creador, ya Él lo había concebido a usted en su corazón. Lo vio, y vio todo lo que usted podría llegar a ser un día por medio el poder de su gracia sobrenatural.

Usted es la obra maestra de Dios, diseñada de acuerdo a un plan eterno tan asombroso, que comprenderlo es algo que se halla fuera de su capacidad. ¿Se ha preguntado alguna vez qué vio Él en su mente cuando lo creó? ¿Cuál era la perfección de propósitos y de planes que Él pretendía?

Cierre ahora los ojos y véase. Por un momento, no tiene ataduras, imperfecciones ni limitaciones. Su cuerpo es lo más delgado y saludable posible. ¿Cuál es su aspecto? ¿Es ésa la persona que Dios tenía en su mente?

Si usted ha luchado toda la vida con la obesidad, tal vez ni siquiera se pueda imaginar a sí mismo libre de la grasa no deseada. Pero Dios sí. ¿No le parece que si Él tiene el poder suficiente para crearlo a usted y todo el universo que ve a su alrededor, también es capaz de ayudarlo a vencer todas sus ataduras personales? ¡Claro que sí!

Ése es le tema de este librito sobre cura bíblica. Es un plan de principios divinos, sabiduría y consejos tomados de las Escrituras para ayudarlo a liberarse de un estilo de vida poco saludable y una mala salud en el futuro, y darle la libertad y el gozo que tendrá cuando su persona sea saludable, se halle en buen estado físico y sea más atractiva.

## Usted no está solo

Si usted tiene un problema de peso, no está solo. La obesidad, definida como hallarse más del veinte por ciento sobre el peso ideal para su altura,[1] ha alcanzado proporciones casi epidérmicas en los Estados Unidos, donde cerca de un adulto por cada tres es considerado actualmente como obeso.

Los niños no están exentos de esto. La epidemia de la obesidad hace impacto en la vida de uno entre cada cinco de nuestros niños, aproximadamente.[2]

## Un terrible asesino

Las investigaciones nos dicen que en los Estados Unidos, unas trescientas mil muertes anuales se atribuyen a la obesidad. El exceso de peso amenaza su vida.[3]

Cuando se compara con el total del presupuesto anual que se emplea en el cuidado de la salud, que es de cerca de $884 mil millones (en dólares de 1993), los costos directos e indirectos de 1990 asociados con la carga, muerte, incapacidad, productos y servicios relacionados con la obesidad, llegaron a cerca de cien mil millones de dólares. Más del cuarenta y cinco por ciento de las mujeres y el veinticinco por ciento de los hombre participan activamente en algún tipo de programa para perder peso.[4] Todo lo que indican estas estadísticas es que el exceso de peso le puede costar su salud y su dinero en los años futuros.

## Poder para triunfar

Esta sencilla cura bíblica le proporciona todo lo que necesita para que tenga salud y triunfe al perder peso, con el fin de ayudarlo a convertirse en la persona que vio cuando cerró los ojos. Con una nueva comprensión, nutrición, ejercicio, vitaminas y suplementos, puede hallar todos los elementos físicos que necesita para un cambio radical. Uniendo todo esto al poder de Dios que se encuentra en la oración y las Escrituras, descubrirá una fortaleza para el éxito que va a estar más allá de sus propias capacidades.

En este librito sobre Cura bíblica usted:

*Va a descubrir el plan divino de salud
para el cuerpo, el alma y el espíritu
por medio de la medicina moderna, una buena nutrición
y el poder medicinal
de las Escrituras y la oración.*

En cada capítulo va a descubrir los pasos prácticos que debe dar:

Cuando usted aprenda lo que es la obesidad, comprenda sus causas y dé los pasos prácticos y positivos que se detallan en este librito, la vencerá en su vida y descubrirá la vida abundante que prometió Jesús cuando dijo: "Yo he venido para que tengan vida, y para que la tengan en abundancia" (Juan 10:10).

— Don Colbert, M. D.

# Una oración de Cura Bíblica
## PARA USTED

*Le pido a Dios que lo llene de esperanza, ánimo y sabiduría a medida que vaya leyendo este libro. Que le dé la fuerza de voluntad necesaria para tomar decisiones saludables acerca de su nutrición, ejercicio y estilo de vida. Que fortalezca su decisión de mantener un peso saludable y no sobrecargar su cuerpo con un peso excesivo. Le pido que usted tenga una vida larga y próspera en la cual camine en la salud divina, para que lo pueda servir y adorar. Amén.*

## Capítulo 1

# ¿Sabía usted?
# Para comprender
# la obesidad

La Biblia nos indica que seamos sabios en nuestros hábitos de alimentación: "Si, pues, coméis o bebéis, o hacéis otra cosa, hacedlo todo para la gloria de Dios" (1 Corintios 10:31). La forma en que usted coma, beba y cuide del cuerpo que Dios le dio le puede dar la gloria a Él por este regalo tan maravilloso.

Es muy probable que si usted está luchando con la obesidad, haya estado batallando con ella durante toda su vida. Ya a estas horas, se da cuenta de que necesita algo más que un buen programa de dieta. Necesita poder para ponerlo en práctica. Le hace falta fuerza para cambiar toda una vida de malos hábitos al comer y disciplina para mantenerse. Este camino a la salud por medio de la cura bíblica no sólo le proporciona la información necesaria para un cuerpo más sano y delgado, sino que también le da a conocer una fuente inagotable de poder para asegurarle el éxito. Deje de limitarse a sus propias fuerzas. La Biblia nos revela una forma mejor de hacer las cosas:

Todo lo puedo en Cristo que me fortalece.
— FILIPENSES 4:13

Para obtener un nuevo poder en su batalla contra la obesidad, necesita comenzar por obtener una nueva comprensión sobre sus causas.

## Por qué comemos demasiado

El sobrepeso tiene muchas causas. Algunas son biológicas. Tal vez usted esté predispuesto a la obesidad por su herencia genética y el metabolismo de su cuerpo. Algunas de las causas son psicológicas.

### *Cuando comemos por emociones*

También es posible que usted sea emocionalmente dependiente de la comida, en la que obtiene consuelo en momentos de tensión, crisis, felicidad, soledad y una serie de emociones más.

Si los excesos al comer tienen un componente emocional en su vida, es probable que usted haya crecido oyendo afirmaciones como las siguientes:

"Come algo, que te va a hacer sentir mejor."

"No puedes levantarte de la mesa mientras no limpies el plato."

"Si te portas bien, te doy postre."

"Si no te lo comes todo, vas a ofender al que nos invitó a comer."

"Si dejas de llorar, te doy helado."

La lista de motivaciones poco saludables de la niñez puede ser interminable. Ahora bien, tanto si las causas de su problema con el peso son genéticas, como si son psicológicas, usted no está esclavizado a su pasado. Hoy es un día nuevo, lleno de la nueva esperanza de una forma totalmente nueva de pensar y de vivir. Comience a meditar sobre los factores de su estilo de vida que pueden estar contribuyendo a su situación.

### Un estilo de vida sedentario

Otra de las causas de la obesidad es el estilo de vida cada vez más sedentario que hay en nuestra sociedad. En una cultura agrícola o indus-

> Por la misericordia de Jehová no hemos sido consumidos, porque nunca decayeron sus misericordias. Nuevas son cada mañana; grande es tu fidelidad.
> – *Lamentaciones 3:22-23*

trial, el trabajo fuerte le proporciona a la gente mucho ejercicio durante el día. En nuestra cultura de tecnología y corporaciones, nos sentamos más en escritorios y reuniones. ¿Le sucede a usted esto?

### Demasiada azúcar refinada y demasiados almidones

Aunque la mayoría de los estadounidenses han disminuido notablemente su consumo de grasas, la obesidad sigue en aumento. Según el Instituto Nacional de la Salud, aunque está disminuyendo el consumo dietario de grasas y colesterol, el peso promedio de los jóvenes adultos estadounidenses ha tenido un aumento de cuatro kilos y medio. Antes de 1989, sólo la cuarta parte de la población era obesa. En cambio hoy lo es la tercera parte de la población. Aunque la mayoría de los estadounidenses han disminuido sus grasas, y muchos están pasándose a las bebidas de dieta, siguen ganando peso.

Yo creo que una de las razones más importantes de esta epidemia de obesidad que sufrimos es el gran consumo de azúcares refinadas y de almidones. El consumo promedio de azúcar refinada por año es de sesenta y ocho kilos por persona.[1]

Veamos cómo se fabrica la mayor parte de nuestro pan. Primero se le quita la cáscara al grano de trigo. Ésta es la parte del grano que es salvado, o fibra. Después se le quita el germen al trigo; el germen contiene grasas esenciales y vitamina E. Se le quitan para afectar el tiempo que dura el pan en los estantes. Lo que queda es el endospermo, que es el almidón del grano. Esto es lo que se muele hasta hacerlo una harina muy fina. Pero esta harina del grano no es blanca, así que se la blanquea con un agente blanqueador.

Como ya no se hallan presentes el salvado y el germen del trigo, y ha habido un proceso blanqueador, quedan muy pocas vitaminas. Por eso se le añaden vitaminas artificiales, junto con azúcar, sal, grasas parcialmente hidrogenadas y conservantes. El pan blanco causa un fuerte estreñimiento, porque no contiene fibra. Además, como está altamente procesado cuando se consume, se divide con rapidez en azúca-

11

res, y esto causa que se segreguen grandes cantidades de insulina, lo cual obliga al páncreas a hacer un gran esfuerzo.

Considero que el aumento del consumo de pan blanco, azúcar, cereales procesados y pastas es mayormente responsable de nuestra epidemia de diabetes, colesterol alto, enfermedades del corazón y obesidad. En el pasado, estos panes y azúcares refinados se les suplían sobre todo a las familias reales y a las muy ricas. Por eso, muchos de los ricos de aquellos tiempos eran obesos, y sufrían de diabetes y gota.

## El azúcar y su cuerpo

A diferencia de lo que se suele pensar, comer grasas no siempre lo hace a un obeso. En realidad, la forma en que su cuerpo almacena la grasa es la que le hace aumentar de peso. El consumo excesivo de carbohidratos y azúcares estimula la producción de insulina en su cuerpo, y ésta es la hormona del cuerpo para el almacenamiento de grasas. La insulina baja el nivel de azúcar en la sangre cuando está demasiado alto. Pero también hace que el cuerpo almacene grasas.

Por ejemplo, cuando usted come algo alto en carbohidratos, como panes, pasta, papas, maíz o arroz, los carbohidratos se transforman en azúcar en la sangre, y entonces, al aparecer la insulina, el hígado convierte ese azúcar en grasa en la sangre. Después, esta grasa presente en la sangre se almacena en las células adiposas.

## Más fácil ganar que perder

Si usted consume continuamente grandes cantidades de almidones o azúcar, su nivel de insulina va a permanecer alto. Si el nivel de insulina permanece alto, su grasa queda encerrada en sus células adiposas. Esto hace muy fácil subir de peso y sumamente difícil perderlo. Los niveles altos de insulina impiden que el cuerpo queme la grasa almacenada en el cuerpo para usarla como energía. La mayoría de los pacientes obesos no pueden salir de este círculo vicioso porque constantemente tienen deseos de comer alimentos llenos de almidón y de azúcar a lo largo de todo el día, lo cual mantiene elevados los niveles de insulina e impide que el cuerpo queme esas grasas almacenadas.

La persona promedio puede almacenar entre trescientos y cuatrocientos gramos de carbohidratos en los músculos, y unos noventa en el hígado. Los carbohidratos almacenados lo hacen en realidad en una forma almacenada de glucosa llamada glicógeno. No obstante, una vez que los lugares de almacenamiento del cuerpo se llenan en el hígado y los músculos, todos los carbohidratos en exceso son convertidos en grasa y almacenados en los tejidos adiposos.

> Respóndeme, Jehová, porque benigna es tu misericordia; mírame conforme a la multitud de tus piedades. No escondas de tu siervo tu rostro, porque estoy angustiado; apresúrate, óyeme.
> *– Salmo 69:16-17*

**Es posible que el ejercicio no le ayude si usted no come como es debido.** Si usted come carbohidratos todo el día, puesto que ya se han llenado los niveles de glicógeno de su cuerpo, todos los carbohidratos en exceso se van a convertir en grasa. Los niveles altos de insulina también le dicen al cuerpo que no libere nada de esta grasa almacenada. Por tanto, usted puede hacer ejercicios durante horas en un gimnasio sin perder grasa, porque está comiendo grandes cantidades de carbohidratos y azúcar a lo largo de todo el día. Su cuerpo va a almacenar el exceso de carbohidratos en forma de grasas, y no va a soltar nada de esa grasa que ya está almacenada.

**El bajo nivel de azúcar.** Para empeorar más aún las cosas, cuando usted consume azúcar o almidones con frecuencia, sobre todo tarta, caramelos, galletas dulces, jugos de fruta, helado o harina blanca procesada, puede desarrollar un bajo nivel de azúcar en la sangre pocas horas después de comer. Los síntomas pueden ser la desorientación, temblores, irritabilidad, una fatiga extrema, dolores de cabeza, sudores, palpitaciones, hambre extrema o un gran deseo de comer algo dulce o con almidón.

## Atrapado

Esto crea un círculo vicioso. Si no come algo dulce o con almidón cada cierto número de horas, va a desarrollar los síntomas del bajo nivel de azúcar en la sangre. Este dato es muy importante. Usted puede cambiar toda esta situación con gran facilidad; basta con que dé un paso muy sencillo.

**Disminuya el número de veces que consume azúcar y almidones al día.** Al disminuir el número de veces diarias que consume dulces, almidones, meriendas, comidas rápidas o alimentos altos en carbohidratos, usted puede bajar sus niveles de insulina y apagar ese disparador principal que le está diciendo al cuerpo que almacene la grasa e impidiendo que la libere.

**Cuando el cerebro no recibe glucosa suficiente, es cuando a usted le entran las ganas.** El cerebro necesita que se le proporcione glucosa continuamente. Cuando se segrega demasiada insulina, como cuando usted come una merienda alta en azúcar, como una rosquilla, una Coca-Cola o unas galletas dulces, el páncreas responde segregando suficiente insulina para hacer bajar el nivel del azúcar. Es frecuente que se segregue demasiada insulina, y que el nivel de azúcar descienda a un nivel mucho más bajo del aceptable, con lo que se crea un bajo nivel de azúcar en la sangre. Puesto que el cerebro no está recibiendo la glucosa que necesita, envía señales de alarma como las ganas de comer carbohidratos, un hambre extrema, cambios de humor, fatiga y problemas de concentración. Estas señales hacen que la persona busque algo de azúcar o de almidón para levantar el azúcar en la sangre a un nivel normal, siendo entonces capaz de proporcionarle al cerebro la cantidad adecuada de glucosa.

## El poder del glucagón

El glucagón es otra hormona que trabaja de forma totalmente opuesta a la insulina. La insulina es una hormona para el almacenamiento de las grasas, mientras que el glucagón es una hormona para su liberación. En otras palabras, el glucagón capacita al cuerpo para liberar la grasa acumulada en los tejidos adiposos y permite que sus tejidos musculares quemen grasa fuente preferida de combustible, en lugar del azúcar de la sangre.

> Mi carne y mi corazón desfallecen; mas la roca de mi corazón y mi porción es Dios para siempre.
> – Salmo 73:26

¿Cómo se libera esta poderosa sustancia en su cuerpo? Muy fácil. La liberación del glucagón es estimulada cuando se come una cantidad correcta de proteínas en una comida, junto con el equilibrio adecuado de grasas y carbohidratos. Veremos esto con más detalle en otro momento.

Cuando el nivel de insulina es alto en el cuerpo, el nivel de glucagón es bajo. Cuando el glucagón está alto, la insulina está baja. Cuando usted come mucho azúcar y almidón, hace subir sus niveles de insulina y bajar los de glucagón, con lo que impide que se libere la grasa para usarla como combustible. El exceso de azúcar en la sangre hace que el cerebro reconozca este alto nivel de azúcar como combustible y desconecte el mecanismo del cuerpo para usar de combustible la grasa. Con sólo estabilizar el azúcar de la sangre, usted puede mantener un elevado nivel de glucagón, lo cual capacita a su cuerpo para quemar la grasa sobrante. Así comenzará a conocer una personalidad más delgada y llena de energía en usted mismo.

## ¿Se deben contar las calorías?

Todavía son muchos los que dicen: "¿Por qué no contar las calorías? Al fin y al cabo, una caloría es una caloría". La mayoría de la gente cree que, como la grasa tiene nueve calorías por gramo, y los carbohidratos sólo tienen cuatro, comer un gramo de grasa engorda mucho más que comer un gramo de carbohidratos. Sin embargo, los efectos hormonales de las grasas no son ni con mucho tan fuertes como los efectos de los carbohidratos y del azúcar.

Las grasas no estimulan a la insulina. En cambio, los azúcares y los almidones desatan fuertes liberaciones de insulina, que es la hormona más poderosa en el almacenamiento de grasas. Así que no cuente las calorías. En lugar de esto, aprenda la forma en que funciona su cuerpo. Recuerde siempre los poderosos efectos hormonales que tienen los azúcares y los almidones en la insulina, la hormona de almacenamiento de grasas, y en el glucagón, la hormona de liberación de grasas.

La Biblia dice: "Porque en vano se tenderá la red ante los ojos de toda ave" (Proverbios 1:17). Esto significa que no es posible capturar a una presa si ella comprende lo que está sucediendo. Al comprender esta poderosa verdad acerca de la forma en que funciona realmente su cuerpo, usted puede evitar la trampa del alto nivel de azúcar en la sangre, del sobrepeso e incluso de la diabetes. Ahora que lo sabe, el poder está en sus manos.

## Su índice glicémico

La velocidad con que se asimilan los carbohidratos en el torrente sanguíneo recibe el nombre de índice glicémico. Originalmente, se desarrolló este índice para los diabéticos. En realidad, mide la rapidez con la que los alimentos hacen subir el nivel de azúcar en la sangre. Todos los alimentos se comparan con la glucosa pura, que tiene un índice glicémico de cien. Si el índice glicémico es más alto, esto significa que el nivel de azúcar de la sangre va a subir con mayor rapidez. Si el índice glicémico es más bajo, el nivel de azúcar en la sangre va a subir con mayor lentitud.

Te amo, oh Jehová, fortaleza mía.
– *Salmo 18:1*

Mientras más alto sea el índice glicémico, peor le irá a usted. Los números más bajos son buenos, porque indican que su cuerpo va a tener más tiempo para tratar el azúcar presente en el torrente sanguíneo. Tal vez le ayude este cuadro:

REALIDADES DE UNA
CURA BÍBLICA

## Índice glicémico de los alimentos

### SUMAMENTE ALTO (SUPERIOR A 100)

**COMIDAS BASADAS EN CEREALES**

Arroz hinchado
Pan francés
Hojuelas de maíz (corn flakes)

Mijo
Arroz instantáneo

**VEGETALES**

Chirivías cocidas
Habas
Zanahorias cocidas

Papas instantáneas
Papas tipo russet asadas

**AZÚCARES SIMPLES**

Maltosa

Miel

### NORMA PARA EL ÍNDICE GLICÉMICO = 100

Pan blanco

### ALTO (80 –100)

**COMIDAS BASADAS EN CEREALES**

Pan de trigo
Pan integral
Trigo triturado (shredded wheat)
Pan de centeno

Maíz dulce
Arroz blanco
Muesli
Arroz integral

| Cereal Grape Nuts | Tortilla de maíz |
| Pan de centeno integral | Gachas de avena |

| Puré de papas | Papas nuevas asadas |

FRUTAS

| Albaricoques | Bananas |
| Mangos | Pasas |
| Papaya | |

MERIENDAS

| Astillas de maíz (corn chips) | Galletas saladas |
| Pasteles | Barras de Mars |
| Galletas dulces | Helado bajo en grasas |

## MODERADAMENTE ALTO (60 – 80)

COMIDAS BASADAS EN CEREALES

| Trigo sarraceno (buckwheat) | Salvado |
| Pan negro de centeno | Bulgur |
| Macarrones blancos | Espaguetis blancos |
| Espaguetis integrales | |

VEGETALES

| Batata | Guisantes |
| Alubias cocidas de lata | Boniato |
| Guisantes congelados | Alubias rojas de lata |

## Frutas

Macedonia de frutas

Peras en lata

Jugo de piña

Jugo de naranja

Jugo de toronja

Uvas

## Meriendas

Galletas de avena

Tarta esponjosa

Astillas de papas (potato chips)

# Moderado (40 – 60)

. . . . . . . . . . . . . . . . . . . . . . . . . . . . . . . . . . . . . . . .

## Vegetales

Alubias blancas

Guisantes secos

Alubias rojas

Habas limas

Alubias carita

Alubias castañas

Alubias mantequilla

Sopa de tomate

Garbanzos

Alubias negras

## Frutas

Naranja

Jugo de manzana

Pera

Manzana

## Productos lácteos

Yogurt

Leche descremada

Leche dos por ciento

Leche entera

Helado alto en grasas

## Bajo (menos de 40)

| COMIDAS BASADAS EN CEREALES | |
|---|---|
| Cebada | |

| VEGETALES | |
|---|---|
| Lentejas rojas | Soya en lata |

| FRUTAS | |
|---|---|
| Melocotón | Ciruelas |

| AZÚCARES SIMPLES | |
|---|---|
| Fructosa | |

| MERIENDAS | |
|---|---|
| Cacahuetes | |

La cantidad de fibra que haya en su comida, la cantidad de grasa, la cantidad de azúcar que haya en los carbohidratos y las proteínas determinan entre todas el índice glicémico de lo que usted come.

## Tres tipos de azúcar

Hay tres tipos principales de azúcares simples (llamadas monosacáridos) que componen todos los carbohidratos. Éstos son:

- La glucosa
- La fructosa
- La galactosa

La glucosa se encuentra en panes, cereales, almidones, pastas y granos. La fructosa se halla en las frutas, y la galactosa en los productos lácteos. El azúcar corriente, o sacarosa, es un disacárido formado por una unión de glucosa y fructosa.

El hígado absorbe con rapidez estos azúcares simples. Sin embargo, sólo la glucosa se puede liberar directamente de vuelta en el torrente sanguíneo. La fructosa y la galactosa tienen que convertirse en glucosa primero en el hígado, para poder entrar a dicho torrente. Por eso, son liberados mucho más despacio. La fructosa, que se encuentra sobre todo en las frutas, tiene un índice glicémico bajo, comparada con la glucosa y la galactosa.

## Otros alimentos glicémicos

Las fibras son una forma de carbohidratos que no es absorbida. No obstante, retarda la rapidez de absorción de otros carbohidratos. Por eso, mientras más alto contenido de fibra tenga el carbohidrato o almidón, más lentamente será absorbido para entrar en el torrente sanguíneo. El pan blanco, que carece de fibra, se absorbe con rapidez. De hecho, tiene el mismo índice glicémico que la glucosa.

Cuando el carbohidrato que usted come entra con rapidez en el torrente sanguíneo, su páncreas segrega una gran cantidad de insulina. Esta insulina baja el nivel de azúcar, pero también hace que el cuerpo almacene grasa.

> Me gozaré y alegraré en tu misericordia, porque has visto mi aflicción; has conocido mi alma en las angustias.
> *– Salmo 31:7*

La mayoría de las frutas tienen un índice glicémico bajo, con excepción de la banana, las pasas, los dátiles y otras frutas secas. Casi todos los vegetales son alimentos de bajo índice glicémico, con excepción de la papa, la zanahoria, el maíz y la remolacha.

Muchos alimentos de alto índice glicémico son comunes y corrientes en nuestras meriendas. Casi todos los cereales, granos, pastas, panes, papas, maíz, rositas de maíz, hojuelas, pretzels, galletas, baguels y otros almidones son carbohidratos de alto índice glicémico. Por consiguiente, es fácil ver por qué la gente se vuelve obesa, puesto que estos alimentos continúan provocando la liberación de insulina, y la insulina le sigue diciendo al cuerpo que almacene grasas y las mantenga almacenadas.

## El problema de las rositas de maíz

Un paciente llegó a mi oficina pesando ciento cuarenta kilos. Afirmaba haber estado metido por años en una dieta baja en grasas, pero seguía ganando peso. Cuando lo interrogué acerca de su historia dietética, supe que todas las noches se comía un tazón grande de rositas de maíz antes de irse a dormir. Sencillamente, le encantaban las rositas de maíz. Una vez, hasta había ingresado en un grupo de "Rositas de maíz Anónimos". Todas las noches, se sentaba con su madre frente al televisor, comiendo felizmente rositas de maíz durante horas, mientras el nivel de azúcar de su sangre iba subiendo silenciosamente, cada vez más.

El alto índice glicémico de las rositas de maíz hacía que se liberaran en su cuerpo fuertes cantidades de insulina. Y la insulina le ordenaba a su cuerpo que almacenara grasas y las mantuviera almacenadas. Sentía que no podía perder peso, y tenía razón. Sus niveles de azúcar estaban haciendo que la grasa se mantuviera encerrada en su cuerpo como si se tratara de una caja fuerte. Sin saberlo, este hombre le estaba indicando a su cuerpo que almacenara grasa durante horas todas las noches.

> Él riega los montes desde sus aposentos; del fruto de sus obras se sacia la tierra. Él hace producir el heno para las bestias, y la hierba para el servicio del hombre, sacando el pan de la tierra, y el vino que alegra el corazón del hombre, el aceite que hace brillar el rostro, y el pan que sustenta la vida del hombre.
> – *Salmo 104:13-15*

## Caramelos de menta pequeños con grandes efectos

Una señora llegó a mi oficina pesando ciento cinco kilos. Cuando la interrogué sobre su historia dietética, su alimentación parecía muy sana en realidad. No estaba comiendo mucha grasa, almidones ni azúcares. No bebía sodas ni refrescos azucarados de ninguna clase. Comía muchas frutas y vegetales.

Sin embargo, cuando le seguí preguntando descubrí

que se pasaba todo el día chupando caramelos de menta para el aliento. Aquellos caramelos de menta azucarados bastaban para mantener alto el nivel de azúcar de su sangre y ordenarle a su cuerpo que almacenara grasas. Aunque estaba en una dieta baja en almidones y grasas, con muchas frutas y vegetales, seguía ganando peso. Cuando eliminó sus caramelos de menta azucarados, y comenzó un programa de caminar, pudo perder casi cuarenta kilos en algo más de un año sin cambio alguno en su dieta. Apenas la pude reconocer cuando la volví a ver. Tenía un aspecto maravilloso.

## Una combinación ganadora

A base de combinar pequeñas cantidades de alimentos de alto índice glicémico, como el pan, la pasta y las papas, con unas porciones equilibradas de proteínas y grasas, usted va a crear un efecto glicémico mucho más bajo que si comiera solos el pan, la pasta o las papas. También importa mucho la forma en que se preparan las comidas. Por ejemplo, las gachas de avena instantáneas tienen un índice glicémico que es casi el doble del que tienen las corrientes, cocidas lentamente. Las alubias refritas tienen un índice glicémico mucho más alto que las alubias corrientes.

El procesamiento de los panes, las pastas y los cereales suele crear un índice glicémico mucho más alto. Escoja los alimentos menos procesados que pueda, o no procesados en absoluto. Por lo general tienen un índice glicémico significativamente más bajo. A los cerdos y al ganado se les dan maíz y papas con el propósito de engordarlos para el mercado. Ése es el mismo efecto que pueden tener en usted.

## Las consecuencias a largo plazo

### *Primer nivel*

Si sigue comiendo alimentos de alto índice glicémico, terminará haciéndose resistente a la insulina de su cuerpo. Esto sucede cuando las células de órganos como el hígado, y los músculos, están en contacto con demasiada insulina por demasiado tiempo. Estas células comienzan a cerrar a la insulina sus sitios receptores. Por lo general, las células cerebrales son las primeras en volverse resistentes a la insulina. En las primeras etapas de la resistencia a la insulina, es posible que se vuelva cada vez más irritable, fácil de marearse e incapaz de concentrarse. Esto suele ocurrir un par de horas después de una comida repleta de carbohidratos, como pasta, papas, pan, arroz, o alimentos altos en azúcar, como tarta, galletas dulces y sodas.

### *Segundo nivel*

Si sigue manteniendo alto el nivel de azúcar de su sangre, esto lo puede llevar a una segunda etapa de resistencia a la insulina, en la cual los síntomas se vuelven más graves. En esta etapa se suele producir un deseo de comer azúcar, además de haber un aumento de peso.

Si aún no cambia su dieta, sus células se van a volver cada vez más resistentes a la insulina. Su hígado comenzará a convertir el exceso de azúcar de la sangre en grasas que serán almacenadas en los tejidos adiposos. Los altos niveles de insulina, junto con los altos niveles de azúcar, desatan un gigantesco almacenamiento de grasas. Su cuerpo se convertirá en una dinamo de almacenamiento de grasas.

> El que da alimento a todo ser viviente, porque para siempre es su misericordia. Alabad al Dios de los cielos, porque para siempre es su misericordia.
> *– Salmo 136:25-26*

### *Tercer nivel*

En el tercer nivel de resistencia a la insulina, usted va a subir de peso con mayor facilidad aún, y su deseo de comer almidones y azúcares se va a volver incontrolable. Los que se hallan en esta tercera etapa son muy irritables, y se sienten cansados, deprimidos y desorientados. Muchas veces la gente toma antidepresivos, pensando que así alivian los síntomas emocionales, cuando su problema es el azúcar. Si aprende a cambiar su dieta, eliminando los azúcares y consumiendo carbohidratos de bajo contenido glicémico equilibrados con grasas, proteínas y fibras, todos estos síntomas irán desapareciendo con el tiempo.

En cambio, si sigue comiendo alimentos altos en azúcares, el impacto que harán sobre su cuerpo puede ser devastador, y permanente, si no cambian sus hábitos de alimentación.

## Nivel final: la diabetes

La etapa final de la resistencia a la insulina se produce cuando el cuerpo en realidad se cierra a ella. Durante esta etapa, usted desarrolla un nivel elevado de azúcar, y es posible que pierda un poco de peso. En este nivel, las células adiposas suelen ser resistentes a la insulina, así que se cierran, dejando la insulina, la grasa de la sangre y el azúcar de la sangre sin lugar donde ir. El azúcar de la sangre no puede entrar en los tejidos, ni convertirse en grasa para ser almacenada. Por esto, eleva el nivel de azúcar y grasas en la sangre. Durante esta cuarta etapa de resistencia a la insulina es cuando usted desarrolla la diabetes que comienza en la edad adulta.

La incidencia de diabetes en los Estados Unidos va en aumento. La diabetes se halla actualmente en el séptimo lugar entre las causas de muertes en la nación. De hecho, el número de diabéticos está aumentando a una velocidad tan grande, que en la proporción de aumento actual, que es de alrededor del seis por ciento anual, el número de diabéticos de esta nación se duplicará aproximadamente cada quince años. Si usted se enfrenta a la diabetes, le recomiendo que lea mi libro sobre el tema, llamado La cura bíblica para la diabetes.

El exceso de insulina puede llevar a los diabéticos

a la obesidad. También los puede llevar a la hipertensión (alta presión arterial), un nivel elevado de colesterol o de triglicéridos, y enfermedades del corazón. El exceso de insulina también puede hacer que los riñones retengan sal y líquidos. Hasta puede hacer que crezca la capa muscular de las paredes arteriales, haciéndolas más gruesas. Los altos niveles de insulina pueden subir los niveles de norepinefrina, una sustancia química que es vasoconstrictora (cierra los vasos sanguíneos) y aumenta los latidos del corazón. Los niveles altos de insulina aumentan la producción del colesterol LDL (colesterol malo) y suben el nivel de triglicéridos (grasas) en la sangre. Esto a su vez puede llevar a la arterioesclerosis de las arterias coronarias, la cual termina produciendo enfermedades de las coronarias y ataques al corazón.

Si su dieta está manteniendo el azúcar de su sangre en un nivel alto, usted está coqueteando con la tragedia. Las consecuencias son mucho más graves que una simple obesidad. La diabetes y las enfermedades del corazón son asesinas. En mi condición de médico, he visto demasiados pacientes sufrir la dolorosa destrucción de su cuerpo que acompaña a estas enfermedades. Lo más triste de todo es que este dolor y este sufrimiento son innecesarios. El poder para evitar su dolor se halla en sus propias manos, pero ellos no lo han sabido hasta que ha sido demasiado tarde.

Si usted nota en sí mismo estos síntomas, no espere. Tome la decisión de detener el proceso de enfermedad de su cuerpo ahora mismo. Dios lo ayudará a mantenerse firme, si usted le da la oportunidad. ¿Por qué no le pone todo este asunto en sus manos ahora mismo?

Dios está a su lado para ayudarlo. Su promesa es: "No te desampararé, ni te dejaré" (Hebreos 13:5). Dios es su ayudador, y lo ama más de lo que usted es capaz de imaginarse. Su anhelo es darle toda la fortaleza, el poder y la esperanza que necesita para triunfar en su batalla. Haga esta oración de cura bíblica y siga firme hacia delante.

> Y Jehová Dios hizo nacer de la tierra todo árbol delicioso a la vista, y bueno para comer; también el árbol de vida en medio del huerto, y el árbol de la ciencia del bien y del mal.
> – *Génesis 2:9*

# Una oración de Cura Bíblica
## PARA USTED

*Señor Dios, sólo tú eres mi fuerza y mi fuente. Mi capacidad para permanecer firme en mi intento de perder peso y comer de manera saludable procede de ti. Ayúdame a mantener la fuerza de voluntad que necesito para eliminar el azúcar y las calorías vacías de mi dieta. Dame la concentración que necesito para poner en práctica todo lo que estoy aprendiendo. Oh Dios todopoderoso, reemplaza el desaliento con la esperanza y las dudas con la fe. Sé que estás conmigo y que no me vas a dejar. Te doy gracias, Señor, porque me harás salir de esta batalla victorioso sobre la obesidad. Amén.*

UNA RECETA
DE
CURA BÍBLICA

¿Cuántas veces al día come usted azúcares y carbohidratos?

_____

_____

_____

_____

Describa lo que va a hacer para reducir esa frecuencia.

_____

_____

_____

_____

Haga una lista de los alimentos ricos en azúcar y almidón que necesita eliminar de su dieta:

_____

_____

_____

¿Qué comidas ricas en proteínas y fibras ha añadido a su dieta para que hagan equilibrio con los alimentos de alto índice glicémico?

_____

_____

_____

_____

_____

## Capítulo 2

# Poder para cambiar por medio de la dieta y la nutrición

¿Le gustaría tener una garantía sobrenatural de éxito? Aquí está: La Biblia dice que le entregue sus planes al Señor. "Pon tus actos en las manos del Señor y tus planes se realizarán" (Proverbios 16:3, Dios habla hoy). Así que lo animo a estudiar ese plan y después ponerlo en las manos del Señor, para que lo sigan la fortaleza y la fuerza de voluntad.

Dios es más grande que todas las ataduras que usted pueda tener. Y Él le promete ayudarlo a triunfar, no con su propio poder, sino pidiéndole el suyo. Dios es fiel. Él le promete que cuando le pida ayuda no le va a fallar, ni lo va a dejar solo en la lucha. Su Palabra dice: "No te desampararé, ni te dejaré" (Hebreos 13:5). ¡Qué promesa tan maravillosa!

Veamos un poderoso estilo de nutrición que lo puede ayudar a descubrir una personalidad más sana, feliz y atractiva en usted mismo.

## Permanezca centrado

No se concentre en la idea de perder peso. Concéntrese en la de comer correctamente. Cuando elimine de su dieta el azúcar, los dulces, los carbohidratos excesivos, las grasas malas y la levadura, comenzará a perder peso.

El plan de cura bíblica para quemar grasas y ganar músculo es más que una dieta. Es un estilo de vida que lo va a ayudar a tener el mejor aspecto posible, y sentirse lo mejor posible. Así que, comencemos.

## El plan de cura bíblica para quemar grasas y ganar músculo

Para comenzar, es necesario que determine primero cuáles son sus necesidades en cuanto a proteínas. Extienda su mano y mírese la palma. La cantidad de proteínas que necesita en cada comida se puede calcular por el tamaño de la palma. Las proteínas de cualquiera de las comidas deben equivaler aproximadamente a la cantidad que cabría con facilidad en la palma de su mano.

## Sus necesidades proteínicas

Los hombres deben tomar aproximadamente ciento quince gramos de carne con cada comida. Las mujeres deben consumir unos ochenta y cinco.

Si se quiere poner un poco más técnico que este método de la mano, puede hacer que su médico o un club de salud le midan el porcentaje de grasa en el cuerpo, para determinar la masa magra que tiene en él. Muchas tiendas por departamentos tienen incluso máquinas que miden el porcentaje de grasa en el cuerpo. Al calcular el porcentaje de grasa, estará calculando la masa magra de su cuerpo. Muchas máquinas que miden el porcentaje de grasa incluyen este dato en sus cálculos.

Si su nivel de actividad física es moderado, cada kilo de masa magra de su cuerpo necesitará por lo menos 1,3 gramos de proteína diarios.

> Respóndeme cuando clamo, oh Dios de mi justicia. Cuando estaba en angustia, tú me hiciste ensanchar; ten misericordia de mí, y oye mi oración.
> – *Salmo 4:1*

## Más sencillo

Es más sencillo recordar que los hombres van a necesitar unos 115 gramos de proteínas con cada comida y 30 gramos con cada merienda.

Las mujeres necesitan 85 gramos de proteínas con cada comida, y 30 gramos con cada merienda.

## Para añadir carbohidratos

En realidad, es muy fácil añadirle carbohidratos a la armazón de proteínas. Veamos primero la forma de calcular qué carbohidratos hay en los vegetales almidonados. Puede comer un carbohidrato por comida. (Estas medidas son después de haber cocido el vegetal, y no antes):

1 taza de pasta
1 taza de maíz
1 taza de habas limas
1 taza de alubias refritas
$^3/_4$ taza de arroz
$^3/_4$ taza de puré de papas
$1^1/_3$ taza de guisantes
$1^1/_3$ taza de alubias pintas
$1^1/_3$ taza de papa asada
$1^1/_3$ taza de boniato asado
$1^1/_3$ taza de gachas de avena
$1^1/_3$ taza de sémola
2 tortillas de 20 centímetros
2 panqueques de 10 centímetros

$^3/_4$ taza de pasta
$^3/_4$ taza de maíz
$^3/_4$ taza de habas limas
$^3/_4$ taza de alubias refritas
$^1/_2$ taza de arroz
$^1/_2$ taza de puré de papas
1 taza de guisantes
1 taza de alubias pintas
1 taza de papa asada
1 taza de boniato asado
1 taza de gachas de avena
1 taza de sémola
$1^1/_2$ tortillas de 20 centímetros
$1^1/_2$ tortillas de panqueques

Espero que ya esté captando la idea de que no es posible comer una gran cantidad de alimentos almidonados en el programa de cura bíblica, si se quiere perder peso.

Como ya ha aprendido, las proteínas deben ir debidamente equilibradas con los carbohidratos, para que no causen un aumento en la insulina.

## El pan

Un hombre necesitaría unas dos rebanadas o menos de pan integral con los 115 gramos de proteína de cada comida. Una mujer sólo necesitaría una rebanada o una y media con sus 85 gramos de proteína. O, por simplificar las cosas, basta con que le quite los bordes.

## Vamos ahora a los vegetales

Veamos ahora los vegetales que se pueden combinar con las proteínas. No es necesario que coma sólo un vegetal o un alimento almidonado. Puede comer la mitad del almidón permitido y llenar el resto con vegetales.

**Los vegetales cocidos.** Si el hombre típico como 115 gramos de proteína con una comida, para equilibrar la proteína con los carbohidratos puede comer cuatro tazas de los siguientes vegetales cocidos. La mujer puede comer tres tazas (o la mitad del almidón, con $1\frac{1}{2}$ tazas de uno de los siguientes vegetales):

- Brócoli
- Habichuelas
- Nabo
- Calabaza
- Quimbombó, espinacas
- Espárragos
- Coles de Bruselas
- Zuquini
- Col rizada

**Vegetales crudos.** El hombre puede comer ocho tazas, mientras que la mujer puede comer seis. (Dudo que la persona quiera comer tanto. Sin embargo, este número indica la cantidad máxima de vegetales que puede comer la persona, comparada con los almidones. Se puede comer la mitad de los almidones, y rellenar el resto con vegetales y frutas).

- Brócoli
- Coliflor
- Rábanos
- Col
- Apio

Tanto hombres como mujeres pueden comer:

- 4 cabezas de lechuga
- 16 tazas de espinaca
- 24 tazas de lechuga romana
- 8 tomates

No es necesario que recuerde todas estas cifras. Basta que coma tanta ensalada, lechuga iceberg, espinaca o lechuga romana como quiera, con hongos, cebollas, tomates, rábanos, pimientos, pepinos, coliflor, brócoli y coles de Bruselas.

# Las frutas

Veamos ahora las frutas.

UN HOMBRE QUE COMA 115 GRAMOS DE CARNE PUEDE COMER:

4 tazas de melón cantalope cortado en trozos
4 tazas de fresas
2 tazas de melón rocío de miel
2 tazas de sandía
2 tazas de piña
2 tazas de melocotones
2 tazas de moras
2 tazas de arándanos
2 tazas de uvas
2 toronjas
2 manzanas
2 naranjas
4 ciruelas
4 mandarinas

UNA MUJER QUE COMA 85 GRAMOS DE CARNE PUEDE COMER:

3 tazas de melón cantalope cortado en trozos
3 tazas de fresas
$1\frac{1}{2}$ tazas de melón rocío de miel
$1\frac{1}{2}$ tazas de sandía
$1\frac{1}{2}$ tazas de piña
$1\frac{1}{2}$ tazas de melocotones
$1\frac{1}{2}$ tazas de moras
$1\frac{1}{2}$ tazas de arándanos
$1\frac{1}{2}$ tazas de uvas
$1\frac{1}{2}$ toronjas
$1\frac{1}{2}$ manzanas
$1\frac{1}{2}$ naranjas
3 ciruelas
3 mandarinas

Es muy sencillo darse cuenta de que si usted come vegetales y frutas, puede comer casi tanto como quiera, añadiéndolo a sus 115 gramos de proteína (u 85 para la mujer), y quedar totalmente satisfecho.

Lo mejor es escoger vegetales y frutas para los carbohidratos cuando se quiere perder peso con rapidez. Para perder peso más rápido aún, escoja sólo vegetales y ensaladas como carbohidratos, y coma muy raramente los almidones y las frutas.

## Las grasas

El último ingrediente que debemos añadir son las grasas. Sí, usted necesita tomar grasas para quemar grasas. Sin embargo, lo mejor es escoger los alimentos que sean ricos en grasas monoinsaturadas. Entre ellas se incluyen las siguientes (tanto hombres como mujeres pueden comer la misma cantidad):

- Aceite de oliva, 1 a 2 cucharaditas en la ensalada
- Mantequilla natural de cacahuete, 1 a 2 cucharaditas
- Mantequilla de almendra, 2 cucharaditas
- Aguacate, 2 cucharaditas
- Mantequilla orgánica, 1 cucharadita
- Crema agria, 2 cucharadas
- Queso crema, 2 cucharadas

Yo también uso 1 ó 2 cucharaditas de mayonesa de canola (aceite de colza), que consigo en la tienda de alimentos para la salud. Entre las otras grasas buenas se hallan:

- Aceite de cártamo (safflower) prensado en frío, 1 a 2 cucharaditas
- Aceite de girasol o de ajonjolí prensado en frío, 1 a 2 cucharaditas
- Aceite de colza prensado en frío, 1 a 2 cucharaditas

Si tiene aderezo de aceite de oliva y vinagre, tanto hombres como mujeres pueden usar cuatro cucharaditas.

A continuación, los frutos secos que puede comer:

- Cacahuetes, entre 2 y 4
- Macadamias, 4
- Lascas de almendra, 4 cucharaditas
- Nueces (picadas), 2 cucharaditas

---

LA
CURA BÍBLICA
SUGERENCIAS
SALUDABLES

---

### ¡Evite las grasas hidrogenadas y parcialmente hidrogenadas!

Las grasas hidrogenadas se preparan tomando grasas poliinsaturadas, como el aceite de maíz, calentándolas a una alta temperatura y usando alta presión para obligar al hidrógeno a través de ellas hasta que quedan saturadas. Este proceso altera de manera permanente la estructura de la grasa y forma una configuración no natural llamada *transconfiguración*.

Los ácidos transgrasos se hallan en la margarina y en la mayoría de los alimentos procesados, como los horneados, la pastelería, las galletas dulces, las tartas, los pasteles de frutas, los panes, muchos aderezos de ensalada, la mayonesa y numerosos alimentos más. Lea con cuidado las etiquetas y evite los alimentos que contengan grasas hidrogenadas o parcialmente hidrogenadas.

## Las meriendas

Para simplificar las cosas, muchas tiendas de alimentos para la salud ofrecen barras y mezclas cuarenta-treinta-treinta para que la persona pueda tomar una merienda, o incluso una comida perfectamente equilibrada. Contienen un 40 por ciento de carbohidratos, un 30 por ciento de proteínas y un 30 por ciento de grasas. De esta manera le permiten sentirse satisfecho, tener mucha energía y quemar grasa al mismo tiempo.

## Una sencilla regla práctica

Los hombres deben tomar unos 115 gramos de proteína con cada comida, y 30 con cada merienda. Las mujeres deben tomar 85 gramos de proteína con una comida y 22 de merienda.

Basta con que escoja una pieza de pechuga de pollo o de pavo, pescado o carne roja magra que tenga unos 115 gramos, y equilibre esto con toda la ensalada, los vegetales y las frutas que quiera.

Hay quienes no pueden comer frutas con proteínas porque les causan muchos gases. Si le sucede esto, coma frutas con proteína vegetal como la soya, para evitar los gases y el abotagamiento.

Recuerde añadir una pequeña cantidad de grasa, de acuerdo a la lista anterior.

## REALIDADES DE UNA CURA BÍBLICA

### ¡Tenga cuidado con las dietas de moda!

Muchas dietas altas en carbohidratos son demasiado bajas en proteínas. De esta manera, se pierde el tono muscular y se recupera el peso con facilidad. Es necesario que coma proteínas con cada comida y con cada merienda.

# La planificación de su menú

Ahora lo quiero ayudar a planificar el menú para toda una semana.

## PRIMER DÍA

### HOMBRES

Una taza de gachas de avena a la antigua
$1/2$ taza de leche descremada
2 cucharaditas de nueces
1 cucharadita de miel
$1/2$ taza de requesón

### MUJERES

$3/4$ taza de gachas de avena a la antigua
$1/3$ taza de leche descremada
2 cucharaditas de nueces
$3/4$ cucharadita de miel

### HOMBRES

115 gramos de pechuga de pollo
1 cucharadita de mayonesa de aceite de colza
lechuga
tomate cortado en lascas
2 rebanadas de pan integral
una ensalada grande de espinaca con una cucharada de aderezo bajo en grasas y sin azúcar

### MUJERES

85 gramos de pollo
1 cucharadita de mayonesa de aceite de colza
lechuga
tomate cortado en lascas
$1\frac{1}{2}$ rebanada de pan integral (o corteza)
una ensalada grande de espinaca con una cucharada de aderezo bajo en grasas y sin azúcar

Una barra de 40-30-30

CENA

| HOMBRES | MUJERES |
|---|---|
| 115 gramos de salmón ensalada con pimientos, cebollas, champiñones, apio, pepinos y coles de Bruselas | 85 gramos de salmón ensalada con pimientos, cebollas, champiñones, apio, pepinos y coles de Bruselas |
| 1 cucharada de aderezo bajo en grasas y sin azúcar | lechuga |
| $^1/_2$ taza de cóctel de frutas | 1 cucharada de aderezo bajo en grasas y sin azúcar |
| | $^1/_3$ de taza de cóctel de frutas |

### ¡Disfrute de las gachas de avena!

El ácido gamma-linolénico (AGL) es otro ácido graso importante en la producción de eicosanoides buenos. Los eicosanoides regulan la presión de la sangre, la coagulación, el sistema inmune, las reacciones de tipo inflamatorio, las reacciones de dolor y fiebre, la constricción y dilatación de los vasos sanguíneos, la constricción y la dilatación de las vías respiratorias y los pulmones y la liberación del ácido gástrico, además de afectar a casi todas las demás funciones del cuerpo. Sin embargo, para que el AGL produzca eicosanoides buenos, es necesario que usted disminuya o evite el azúcar y los alimentos de alto índice glicémico, o los equilibre con las cantidades correctas de proteínas y grasas. Podrá conseguir un AGL adecuado con facilidad en su dieta si come gachas de avena cada dos días, o se toma una cápsula de aceite de borraja (se encuentran en las tiendas de alimentos para la salud) tres veces por semana. No obstante, evite las gachas de avena instantáneas. Son demasiado altas en carbohidratos.

# SEGUNDO DÍA

### HOMBRES

$^3/_4$ taza de requesón bajo
en grasa
2 tazas de melocotones
1 cucharada de lascas de
almendras

### MUJERES

$^1/_2$ taza de requesón bajo
en grasa
1 taza de melocotones
$^1/_2$ cucharada de lascas de
almendras

---

ALMUERZO

### HOMBRES

115 gramos de atún enla-
tado en agua, preferible-
mente albacora
1 cucharadita de mayone-
sa de aceite de colza
apio picado, cebollas
picadas, lechuga, tomate
2 rebanadas de pan inte-
gral

### MUJERES

85 gramos de atún enlata-
do en agua, preferible-
mente albacora
1 cucharadita de mayone-
sa de aceite de colza
apio picado, cebollas
picadas, lechuga, tomate
$1^1/_2$ rebanada de pan integral (o corteza)

---

MERIENDA DE MEDIA TARDE

Un batido o suplemento de 40-30-30

---

CENA

### HOMBRES

115 gramos de pavo
1 taza de puntas de brócoli al vapor
1 cucharada de aderezo
bajo en grasas y sin azúcar
$^1/_2$ papa asada con un
toque de mantequilla

### MUJERES

85 gramos de pavo
1 taza de puntas de brócoli al vapor
$^1/_3$ papa asada

## REALIDADES DE UNA CURA BÍBLICA

Las proteínas tienen una importancia crítica en la reconstrucción y reparación del cuerpo y en el mantenimiento de nuestro sistema inmune. Cuando usted come alimentos altos en proteínas, como pollo, pescado o pavo, la proteína es descompuesta en aminoácidos dentro de su cuerpo. Estos aminoácidos son absorbidos y utilizados como bloques de construcción en la formación de miles de proteínas diferentes, que son esenciales en todo el cuerpo. Algunas de las proteínas son usadas para el sistema inmune y para la formación de músculos, hormonas, enzimas y neurotransmisores.

# TERCER DÍA

### Hombres

1 huevo entero y 2 claras, revueltos
30 gramos de queso chédar bajo en grasas
cebolla picada y tomate picado revueltos con el huevo
2 tajadas de pan integral tostado
un toque de mantequilla
$^1/_2$ taza de jugo de naranja

### Mujeres

1 huevo entero y 1 clara, revueltos
30 gramos de queso chédar bajo en grasas
cebolla picada y tomate picado, revueltos con el huevo
1 tajada de pan integral tostado
un toque de mantequilla
$^1/_2$ taza de jugo de naranja

Almuerzo

### Hombres

fajitas de pollo con 115 gramos de lascas de pollo
2 tortillas de harina de maíz, de 20 centímetros
2 cucharadas de guacamole
$^1/_2$ taza de salsa
lechuga picada

### Mujeres

fajitas de pollo con 85 gramos de lascas de pollo
$1^1/_2$ tortillas
2 cucharadas de guacamole
$^1/_2$ taza de salsa
lechuga picada

Merienda de media tarde

### Hombres

115 gramos de requesón
1 taza de fresas

### Mujeres

85 gramos de requesón
$^3/_4$ taza de fresas

### HOMBRES

115 gramos de filete
miñón sin grasa
$^1/_2$ papa asada
un toque de mantequilla
1 taza de espárragos al
vapor
ensalada grande con
aderezo bajo en grasa y
sin azúcar

### MUJERES

85 gramos de filete
miñón sin grasa
$^1/_3$ papa asada
un toque de mantequilla
1 taza de espárragos al
vapor
ensalada grande con
aderezo bajo en grasa y
sin azúcar

## CUARTO DÍA

### HOMBRES

$1^1/_2$ cucharadas de proteína de suero (17,5 gra-
mos de proteína por
cucharada)
1 taza de fresas congela-
das
$^1/_2$ taza de melocotones
congelados
1 taza de agua
1 cucharada de nueces o
almendras
1 cucharadita de miel
Mézclelo todo hasta que
quede suave.

### MUJERES

1 cucharada de proteína
de suero
$^3/_4$ taza de fresas
$^1/_3$ taza de melocotones
congelados
1 taza de agua
1 cucharada de nueces o
almendras
Mézclelo todo hasta que
quede suave.

| **HOMBRES** | **MUJERES** |
|---|---|
| 115 gramos de carne de res asada | 85 gramos de carne de res asada |
| 2 tajadas de pan integral | $1\frac{1}{2}$ tajadas de pan integral |
| 1 cucharadita de mayonesa | 1 cucharadita de mayonesa |
| 1 cucharadita de mostaza | 1 cucharadita de mostaza |
| una hoja de lechuga y una lasca de tomate | una hoja de lechuga y una lasca de tomate |

MERIENDA DE MEDIA TARDE

| **HOMBRES** | **MUJERES** |
|---|---|
| 1 cucharada de polvo de proteína de soya (unos 15 gramos de proteína) | $\frac{1}{2}$ cucharada de polvo de proteína de soya |
| $\frac{1}{2}$ banana congelada | $\frac{1}{3}$ banana congelada |
| $\frac{1}{2}$ cucharadita de mantequilla natural de cacahuete | $\frac{1}{2}$ cucharadita de mantequilla natural de cacahuete |
| $\frac{2}{3}$ taza de agua | $\frac{2}{3}$ taza de agua |
| Mezcle hasta que esté suave, endulzándolo con Stevia, que se puede conseguir en una tienda de alimentos para la salud. | Mezcle hasta que esté suave, endulzándolo con Stevia, que se puede conseguir en una tienda de alimentos para la salud. |

| HOMBRES | MUJERES |
|---|---|
| chile con 115 gramos de carne de res molida sin grasa | chile con 85 gramos de carne de res molida sin grasa |
| queso rallado bajo en grasa | queso rallado bajo en grasa |
| $\frac{1}{2}$ taza de alubias rojas con polvo de chile | $\frac{1}{3}$ taza de alubias rojas con polvo de chile |
| 1 taza de tomates en lascas | $\frac{3}{4}$ taza de tomates en lascas |
| $\frac{1}{3}$ taza de cebolla picada | $\frac{1}{4}$ taza de cebolla picada |
| 1 cucharadita de aceite de oliva | 1 cucharadita de aceite de oliva |

# QUINTO DÍA

| HOMBRES | MUJERES |
|---|---|
| 1 taza de yogurt natural bajo en grasas | $\frac{3}{4}$ taza de yogurt natural bajo en grasas |
| $\frac{1}{2}$ taza de melocotones mezclados con el yogurt | $\frac{1}{3}$ taza de melocotones mezclados con el yogurt |
| 4 salchichas de soya | 3 salchichas de soya |
| $\frac{1}{2}$ tostada de pan integral | 1 cucharada de mantequilla de almendra |
| 1 cucharada de mantequilla de almendra | |

### HOMBRES

emparedado de ensalada de pollo con 115 gramos de trozos de pechuga de pollo
2 tostadas de pan integral
1 cucharadita de mayonesa de aceite de colza
una lasca de tomate, una hoja de lechuga y un poco de apio picado

### MUJERES

emparedado de ensalada de pollo con 85 gramos de trozos de pechuga de pollo
$1\frac{1}{2}$ tostadas de pan integral
1 cucharadita de mayonesa de aceite de colza
una lasca de tomate, una hoja de lechuga y un poco de apio picado

MERIENDA DE MEDIA TARDE

30 gramos de queso bajo en grasas con media manzana.

CENA

### HOMBRES

115 gramos de pollo
1 taza de pasta
ensalada con tomate, cebolla, pepino y apio
$1\frac{1}{3}$ cucharada de aderezo hecho con aceite de oliva y vinagre

### MUJERES

85 gramos de pollo
$\frac{3}{4}$ taza de pasta
ensalada con tomate, cebolla, pepino y apio
$1\frac{1}{3}$ cucharada de aderezo hecho con aceite de oliva y vinagre

Escoja el aceite de pescado, que es un ácido graso Omega-3 obtenido de peces de agua fría, como el salmón, la caballa, el arenque o el halibut. Puede comer pescado de agua fría varias veces por semana, o tomarse una o dos cápsulas de aceite de pescado en cada comida. Sin embargo, asegúrese de que el aceite de pescado ha pasado por una destilación molecular para quitarle las toxinas y los metales pesados.

## SEXTO DÍA

**DESAYUNO**

| HOMBRES | MUJERES |
|---|---|
| 1 huevo completo y dos claras | 1 huevo entero y una clara |
| 60 gramos de tocino de soya o cuatro salchichas de soya | 45 gramos de tocino de soya o tres salchichas de soya |
| $1\frac{1}{3}$ taza de sémola cocida con uno o dos toques de mantequilla | 1 taza de sémola cocida con uno o dos toques de mantequilla |

| HOMBRES | MUJERES |
|---|---|
| hamburguesa sin grasa de 115 gramos | hamburguesa sin grasa de 85 gramos |
| 2 tostadas de pan integral | $1\frac{1}{2}$ tostadas de pan integral |
| una lasca de tomate, una hoja de lechuga y una rodaja de cebolla | una lasca de tomate, una hoja de lechuga y una rodaja de cebolla |
| 1 cucharadita de mayonesa de aceite de colza | 1 cucharadita de mayonesa de aceite de colza |
| 1 cucharadita de mostaza | 1 cucharadita de mostaza |

## MERIENDA DE MEDIA TARDE

Barra suplemento o bebida de proteínas 40-30-30.

## CENA

| HOMBRES | MUJERES |
|---|---|
| $\frac{2}{3}$ taza de pasta cocida (espagueti) | $\frac{1}{2}$ taza de pasta cocida (espagueti) |
| 115 gramos de carne roja magra, para añadir a la salsa del espagueti, que debe tener también por lo menos una cucharadita de aceite de oliva extra virgen, ajo, cebolla, champiñones y tomate | 85 gramos de carne roja magra, para añadir a la salsa del espagueti, que debe tener también por lo menos una cucharadita de aceite de oliva extra virgen, ajo, cebolla, champiñones y tomate |

# SÉPTIMO DÍA

### HOMBRES

1 baguel de harina integral
1 cucharada de queso
crema bajo en grasas
115 gramos de pechuga
de pavo en el baguel

### MUJERES

³/₄ baguel de harina integral
1 cucharada de queso
crema bajo en grasas
85 gramos de pechuga de
pavo en el baguel

Almuerzo

### HOMBRES

115 gramos de carne
magra de res asada
una hoja de lechuga, una
lasca de tomate
1 cucharadita de mostaza
1 cucharadita de mayone-
sa de aceite de colza
2 tostadas de pan integral

### MUJERES

85 gramos de carne
magra de res asada
1 cucharadita de mostaza
una cucharadita de mayo-
nesa de aceite de colza
1¹/₂ tostadas de pan integral

Merienda de media tarde

Barra de suplemento o bebida de proteínas 40-30-30

Cena

### HOMBRES

ensalada César de pollo
con ¹/₂ cabeza de lechuga
romana, 115 gramos de
pechuga de pollo
15 gramos de cubitos de
pan tostado
1 cucharada de queso
parmesano rallado
2 cucharaditas de aderezo
de ensalada César

### MUJERES

ensalada César de pollo
con ¹/₂ cabeza de lechuga
romana, 85 gramos de
pechuga de pollo
1 cucharada de queso
parmesano rallado
2 cucharaditas de aderezo
de ensalada César

Intente comer por lo menos cuatro o cinco veces al día, con tres comidas y una o dos pausas para merendar. La merienda debe ser a media tarde. Alguna que otra vez es posible que necesite comer algo parecido a la merienda de media tarde cuando se vaya a acostar. Beba unos 0,3 litros de agua treinta minutos antes de cada comida, y limite los líquidos a sólo 0,15 litros por comida. Puede beber agua con limón, o té con limón, endulzado con Stevia (en venta en las tiendas de alimentos para la salud), y no con azúcar. Evite las sodas, los jugos de frutas y otras bebidas ricas en azúcar. Trate de beber por lo menos dos litros de agua filtrada al día. Necesita tener la cantidad de agua adecuada para eliminar las grasas del cuerpo.

Evite el NutraSweet, puesto que se descompone en alcohol metílico y formaldehído dentro de su cuerpo. No pase más de cinco horas sin comer. Le recomiendo que lleve consigo una barra suplemento 40-30-30, para que el nivel de azúcar de su sangre no descienda demasiado y le provoque ganas de comer carbohidratos o azúcar.

Ahora que ya tiene su plan, el éxito sólo es cuestión de tiempo. He aquí algunas sugerencias adicionales sobre las comidas, que lo van a ayudar a lo largo del camino.

## Sugerencias acerca de la forma de comer

1. Coma primero la parte de su comida que tiene proteínas, puesto que esto estimula el glucagón, que va a reprimir la secreción de insulina y causar la liberación de carbohidratos almacenados en el hígado y los músculos, lo cual ayudará a evitar un bajo nivel de azúcar en la sangre.

2. Mastique cada bocado por lo menos veinte o treinta veces, y coma con lentitud.

3. Nunca coma con prisas. Las prisas hacen que se suprima el ácido hidroclórico, dificultando la digestión.

4. Nunca coma cuando está molesto, enojado o peleando. Las comidas deben ser momentos de distensión.

5. Limite sus almidones a una sola porción por comida. Nunca coma pan, pasta, papas, maíz u otros almidones diferentes en una misma comida. Esto eleva los niveles de insulina. Si repite, escoja frutas, vegetales y ensaladas, pero no almidones.

6. Si tiene ganas de comer postre, elimine el almidón o el pan, la pasta, las papas o el maíz y coma un postre pequeño. Sin embargo, asegúrese de que su proteína y sus grasas hagan equilibrio con el azúcar del postre. Además, no tenga por hábito comer

postre. Hágalo sólo en ocasiones especiales, como cumpleaños, días de fiesta y aniversarios.

7. Evite las bebidas alcohólicas, no sólo porque el alcohol intoxica el organismo, sino también porque provoca una inmensa liberación de insulina y favorece el almacenamiento de grasas.

## Cuando sale a comer

Es posible comer fuera y sin embargo, disfrutar de una comida equilibrada del Programa de Cura bíblica. Todo lo que tiene que hacer es escoger entre 85 y 115 gramos de carne magra y equilibrar esto con grasas y carbohidratos, lo cual incluye frutas, vegetales o almidones. Por ejemplo, en un restaurante de carnes puede comer 115 gramos de filete miñón magro (85 gramos para las mujeres), una papa asada pequeña con un toque de mantequilla ($^1/_2$ papa para las mujeres) y una ensalada con una cucharada de aderezo de ensalada bajo en grasas y sin azúcar.

He aquí otras sugerencias para cuando salga a comer.

### *Cuando coma en restaurantes especializados*

**Los restaurantes mexicanos.** Los hombres deben escoger las fajitas de pollo con dos tortillas, 115 gramos de pollo, una o dos cucharadas de guaca-

61

mole o de crema agria, salsa y lechuga. Las mujeres deben comer 85 gramos de pollo con una tortilla y media. Sin embargo, no coma arroz ni alubias.

**Los restaurantes italianos.** Los hombres deben escoger 115 gramos de pechuga de pollo a la parrilla o pollo Marsala con una taza de pasta. Las mujeres deben escoger 85 gramos de carne con $^3/_4$ taza de pasta. La salsa Marsala tiene abundancia de aceite de oliva para proporcionarle las grasas.

**Los restaurantes chinos.** Los hombres pueden escoger $^3/_4$ taza de arroz blanco y pollo frito (115 onzas) con vegetales chinos. Las mujeres pueden pedir $^1/_2$ taza de arroz blanco con 85 onzas de pollo frito. Asegúrese de que no pongan una cantidad excesiva de aceite de ajonjolí en su pollo frito. Lo mejor es no poner la salsa sobre el arroz, sino sacar el pollo y los vegetales de la salsa para combinarlos con el arroz.

**Los restaurantes japoneses.** Los hombres pueden comer unos $^3/_4$ de taza de arroz con vegetales japoneses y 115 gramos de pollo, camarón o carne magra de res, junto con la ensalada de la casa con aderezo de jengibre. Las mujeres pueden comer $^1/_2$ taza de arroz con 85 gramos de carne.

**Los restaurantes de comida rápida.** Escoja el bar de ensaladas y coma un emparedado de pollo a la parrilla con una de las dos piezas del panecillo (o sin panecillo). También puede comer alguna vez hamburguesa con mostaza, pero sin catchup, y uno de los dos pedazos del panecillo (o sin panecillo). Añada lechuga y tomate y quite una de las tapas del panecillo. Evite las sodas, las papas fritas y los pasteles de manzana.

## Unas palabras finales

Casi todo el mundo termina comiendo las comidas que no debe, y en combinaciones equivocadas, así que no se sienta condenado cuando esto suceda; todo lo que tiene que hacer es volver donde estaba y comenzar a combinar correctamente sus alimentos.

> Oye la voz de mis ruegos cuando clamo a ti, cuando alzo mis manos hacia tu santo templo.
> *– Salmo 28:2*

Esto no es una dieta, sino un estilo de vida. Así que siga este estilo de vida todos los días. Habrá momentos en que se va a deslizar, sobre todo en los días de fiesta, los cumpleaños, los aniversarios, las bodas y otras ocasiones especiales. Sin embargo, nunca se dé por vencido. Sencillamente, vuelva al programa, y una vez más comenzará a quemar grasa y ganar músculo.

Si se estanca, o si no puede perder más peso, evite los carbohidratos de alto índice glicémico, entre los cuales se hallan las pastas, papas, maíz, arroz, pretzels, baguels, galletas saladas, cereales, rositas de maíz, alubias, bananas y frutas secas. Escoja vegetales y frutas de bajo índice glicémico. Si después de uno o dos meses de hacer esto, aún no puede perder suficiente peso, debe escoger vegetales y ensaladas de bajo índice glicémico y evitar las frutas durante alrededor de un mes, hasta que rompa el estancamiento.

Entonces, vuelva a consumir las frutas de bajo índice glicémico.

Le estoy pidiendo a Dios que le dé la firmeza y la fuerza de voluntad suficientes para llevar adelante esta estrategia en las comidas. No sólo va a perder peso, sino que no lo va a recuperar. Al hacer esto, va a estar cuidando de su cuerpo, que es el templo de Dios, y llevará una vida plena y abundante para su gloria. Coma correctamente y camine en la salud divina.

## UNA ORACIÓN DE CURA BÍBLICA PARA USTED

*Señor, dame la fuerza de voluntad y la decisión que necesito para comer correctamente y perder peso. Rompe la esclavitud de la obesidad en mi vida, que impide que disfrute de una vida abundante en Cristo. Lléname de tu fortaleza y tu poder para que siga un estilo de vida saludable y coma las comidas que debo, a fin de poder servirte y amarte con todo el corazón. Amén.*

UNA RECETA
DE
CURA BÍBLICA

## Mantenga un diario de comidas

| Fecha/Peso | Desayuno | Almuerzo | Cena |
|---|---|---|---|
| / | | | |
| / | | | |
| / | | | |
| / | | | |
| / | | | |
| / | | | |
| / | | | |
| / | | | |
| / | | | |
| / | | | |
| / | | | |
| / | | | |
| / | | | |

Haga todas las copias que necesite

El índice de masa corporal sólo es una fórmula que tiene en cuenta su peso y su altura para decidir si usted es saludable, tiene exceso de peso o está obeso. El exceso de peso es definido como un índice de masa corporal de 30 o más. Halle su propio índice de masa corporal en la tabla que aparece a continuación, trazando una línea desde su peso en libras (columna de la izquierda) hasta su altura en pulgadas (columna de la derecha). ¿Se halla su IMC (columna central) dentro de las medidas "saludables"?

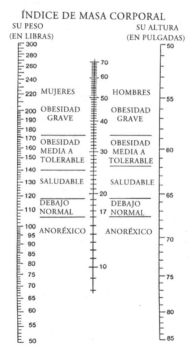

ÍNDICE DE MASA CORPORAL

## Capítulo 3

# Poder para cambiar por medio del ejercicio

Dios lo ha hecho amo de su propio cuerpo; no es él quien debe ser el amo de usted. Somos demasiados los que dejamos que nuestro cuerpo nos diga lo que debemos hacer. Sin embargo, Dios creó esta increíble maquinaria para que fuera su servidora. El apóstol Pablo revela su comprensión de esta verdad cuando dice: "Al contrario, castigo mi cuerpo y lo obligo a obedecerme, para no quedar yo mismo descalificado después de haber enseñado a otros" (1 Corintios 9:27, Dios habla hoy).

Usted ha recibido de Dios el poder necesario para dominar su cuerpo. Si lo ha dejado que pierda la forma, es hora de reafirmar ese poder.

La nutrición adecuada no puede reducir sola su peso lo suficiente, ni tampoco mantenerlo de manera adecuada en el peso correcto. En cambio, una nutrición adecuada, combinada con el ejercicio, le ayudará a alcanzar su meta de caminar en la salud divina y llevar una vida sana y larga.

## Acostúmbrese a hacer ejercicios

El ejercicio es de suma importancia si usted quiere perder peso y mantenerse. Los ejercicios aeróbicos usan grandes grupos musculares del cuerpo y suben los latidos del corazón a un nivel que quema la grasa como combustible. Como consecuencia, el ejercicio aeróbico es una de las mejores formas de perder la grasa del cuerpo. Entre los ejercicios aeróbicos se encuentran los de caminar vigorosamente, montar bicicleta, nadar, remar, esquiar y bailar.

Es importante que vea a su médico personal antes de comenzar un programa riguroso de ejercicios.

**Pruebe a caminar vigorosamente.** Caminar vigorosamente es la forma más sencilla y cómoda de hacer ejercicios aeróbicos. Debe caminar con tanta energía que no pueda cantar, pero con la lentitud suficiente para poder hablar. Los ejercicios aeróbicos lo harán sentir mejor de inmediato, al aumentar la cantidad de oxígeno de su cuerpo.

El ejercicio aeróbico también tonifica el corazón y los vasos sanguíneos, activa la circulación, sube el nivel del metabolismo, mejora la digestión y la eliminación, controla la producción de insulina, estimula la producción de neurotransmisores en el cerebro, mejora el apetito y estimula el sistema linfático, lo cual ayuda a sacar del cuerpo los materiales tóxicos.

> Porque no nos ha dado Dios espíritu de cobardía, sino de poder, de amor y de dominio propio.
> *– 2 Timoteo 1:7*

Una de las mejores formas de saber si está haciendo suficiente ejercicio aeróbico es controlar los latidos de su corazón. Debe estar haciendo estos ejercicios con el vigor suficiente para elevar los latidos por lo menos a un 65 a un 80 por ciento del máximo señalado para su persona. (Vea mi libro *La cura bíblica para la diabetes,* donde doy instrucciones sobre la forma de calcular los latidos del corazón señalados para usted).

El ejercicio aeróbico de alta intensidad en realidad hace disminuir el nivel de insulina y aumenta el nivel de glucagón. Al bajar el nivel de insulina, usted comienza a liberar más grasa almacenada, y de esta manera quema grasa en lugar de carbohidratos. Le recomiendo que lleve sus ejercicios hasta cerca del ochenta por ciento de su máximo señalado de latidos del corazón con el fin de reducir el nivel de insulina, aumentar el de glucagón y quemar más grasas.

## ✔ UN DATO DE SALUD PARA UNA CURA BÍBLICA

¿Se le ha ocurrido que el metabolismo alto es una bendición que tienen otros, pero usted no? No es así.

Su nivel metabólico depende de su masa muscular. Mientras más masa muscular tenga, mayor será su nivel metabólico. Si en sus esfuerzos con la dieta no incluye el ejercicio, puede comenzar a quemar masa muscular para proporcionarle aminoácidos a su cuerpo, y sabotear sus esfuerzos por perder peso al hacer más lento su metabolismo. Entonces el cuerpo comenzará a quemar menos calorías y menos grasa. Mientras más músculo tenga, más alto será su metabolismo y más grasa almacenada quemará, incluso cuando esté descansando.

**Use también los ejercicios anaeróbicos.** Los ejercicios anaeróbicos, como el levantamiento de pesas, la carrera y el entrenamiento de resistencia ayudarán a aumentar la masa muscular magra, subiendo así su metabolismo. Si estos ejercicios son lo suficientemente intensos, la glándula pituitaria liberará hormonas de crecimiento. Esto lleva a un aumento en el crecimiento de los músculos y en la pérdida de grasas.

No obstante, para que los resultados lleguen al máximo, el ejercicio debe ser muy agotador y se debe seguir hasta que los músculos queden exhaustos, o sencillamente, hasta que ya usted no pueda más. Esto estimula la liberación de un poderoso chorro de hormonas de crecimiento, que ayuda a reparar y reconstruir los músculos que han sido estropeados durante el ejercicio. Mientras aumenta su masa muscular, sube su metabolismo.

Sin embargo, le quiero hacer una advertencia: Si usted se pesa, es posible que la pesa no indique una gran pérdida de peso, puesto que en realidad, la masa muscular que usted está adquiriendo pesa más que la grasa que está reemplazando.

Si está comenzando un programa de levantamiento de pesas, le recomiendo que consulte a un entrenador personal certificado, que va a desarrollar un programa completo de levantamiento de pesas para usted. Mientras hace ejercicios, asegúrese de mantenerse en la forma debida y levantar las pesas con lentitud para evitar lesiones.

El aumento de azúcar y de almidón inhibe la liberación de la hormona del crecimiento y es contraproducente. Por tanto, antes de hacer los ejercicios, evite las meriendas altas en azúcar o carbohidratos, puesto de consumirlas, no va a tener la ventaja de esta poderosa hormona para la pérdida de grasa y el aumento de músculos.

> Me da nuevas fuerzas y me lleva por caminos rectos, haciendo honor a su nombre.
> — *Salmo 23:3 (Dios habla hoy)*

## La importancia del sueño

Otra forma de estimular la liberación de la hormona del crecimiento es asegurarse de que duerme lo suficiente por la noche. Esta hormona es segregada durante la etapa tercera y la cuarta del sueño, las cuales se producen dentro de las primeras dos horas después de haberse dormido.

### Cuando se produce un estancamiento

Si está perdiendo peso continuamente y de pronto parece haber llegado a un punto muerto, el ejercicio lo ayudará. Al aumentar la frecuencia y la duración de los ejercicios, podrá abrirse paso por ese punto muerto y seguir perdiendo peso. Trate de aumentar gradualmente su tiempo de ejercicios desde veinte minutos hasta cuarenta y cinco. Todo lo que tiene que hacer es añadir cinco minutos de ejercicio más por semana, hasta llegar a los cuarenta y cinco. Esos últimos kilos tan obstinados pronto comenzarán a derretirse.

### Administrador del don que es su cuerpo

Su cuerpo es un don maravilloso. Con la ayuda de Dios, usted puede volver a estar en forma, sentirse bien y tener un aspecto estupendo. Decídase ahora mismo a poner en práctica estos ejercicios y, lo más importante de todo, a continuarlos. Recuerde que todo el mundo cae, pero hace falta tener valor para volver a levantarse. Usted tendrá sus altibajos, como los tenemos todos. Manténgase fiel. Siga adelante. No pasará mucho tiempo antes de que usted tenga el aspecto que siempre ha soñado tener.

# Una oración de **Cura Bíblica** PARA USTED

*Señor, te entrego todas mis preocupaciones. Dame el poder de una vida disciplinada. Gracias por ese don que es mi cuerpo. Me doy cuenta de que es un templo del Espíritu Santo y de que debo tratarlo como buen administrador. Cada vez que me sienta desanimado o quiera echarlo todo a rodar, te ruego que acudas a levantarme y me vuelvas a poner en el camino. Te entrego el cuidado de mi cuerpo a ti, confiado en tu maravillosa sabiduría. En el nombre de Jesucristo, amén.*

UNA RECETA
DE
CURA BÍBLICA

Ponga una marca junto a los cambios que usted está dispuesto a hacer en su estilo de vida para lograr perder peso:

❒ Tomar el hábito de hacer ejercicios. El tipo de ejercicios que va a hacer es: _____
❒ Dormir lo suficiente.
❒ Comenzar un programa aeróbico.
❒ Otro: _____

Escriba una oración en la que le pida ayuda a Dios para hacer estos cambios en su estilo de vida.

_____

_____

_____

Escriba una oración de compromiso, pidiéndole ayuda a Dios para permanecer fiel a un programa de ejercicios.

_____

_____

_____

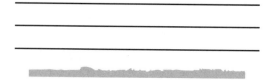

## Capítulo 4

# Poder para cambiar por medio de vitaminas y suplementos

Su cuerpo es templo del Espíritu Santo. El apóstol Pablo escribe: "¿O ignoráis que vuestro cuerpo es templo del Espíritu Santo, el cual está en vosotros, el cual tenéis de Dios, y que no sois vuestros? Porque habéis sido comprados por precio; glorificad, pues, a Dios en vuestro cuerpo" (1 Corintios 6:19-20).

Además de esto, su cuerpo es la maquinaria natural más increíble de todo el universo. Todo el dinero del mundo no la podría reemplazar. Es don maravilloso de Dios, y lugar capaz de albergar a su propio Espíritu. Puesto que su cuerpo fue creado como templo del Espíritu Santo, es importante comprender que usted y yo sólo somos administradores de este don que Dios nos ha dado.

Si usted saliera hoy a comprarse un Mercedes Benz o un Porsche, sin duda lo puliría, le llenaría el tanque con la mejor gasolina y usaría el mejor aceite, tratándolo con el respeto que se merece una maquinaria de tanta calidad. De igual forma, usted puede honrar a Dios en su cuerpo, tratándolo con el respeto

y el cuidado que corresponden a un don tan maravilloso.

Al darle a su cuerpo los nutrientes, las vitaminas y
los minerales que necesita para funcionar de la mejor
manera posible, le estará dando honra a Dios, porque
estará cuidando adecuadamente de su cuerpo, el templo que Él creó en la tierra para que albergara a su
propio Espíritu.

## ¿Qué le está tratando de decir su cuerpo?

Ese cuerpo increíble es tan complicado, que se
halla programado para señalarle que necesita algún
nutriente o vitamina que usted no le ha dado. Estas
señales se producen en forma de deseos. ¿Nunca le ha
pasado que necesitaba tomarse un vaso de jugo de
naranja? Su cuerpo le estaba diciendo a su cerebro
que necesitaba más vitamina C.

Esos deseos se pueden producir después de una
comida, cuando el cuerpo se da cuenta de que, aunque lo han alimentado, no ha recibido la cantidad de
nutrientes que esperaba. Con demasiada frecuencia,
en lugar de discernir correctamente ese deseo, nos
limitarnos a echarle al cuerpo más comida de la que
no nutre. Así es como regresan los deseos, y nosotros
respondemos de nuevo con más comida inútil. El
ciclo se vuelve un círculo vicioso, engordamos y nuestro cuerpo sufre por falta de una verdadera nutrición.

Si usted experimenta esos deseos, es probable que
en realidad su cuerpo le esté indicando que se halla

desnutrido. Las vitaminas, los minerales y los suplementos son vitales en el mundo de hoy para que nuestro cuerpo tenga el combustible correcto. La mayoría de los campesinos de edad saben que el suelo, para producir alimentos con un rico contenido de vitaminas y materiales, necesita descansar o quedar en barbecho. En otras palabras, se debe dejar sin usar cada cierto número de años. En el mundo actual, con la agricultura de alta técnica, esto ya no sucede. Por eso, en realidad nuestros alimentos están desprovistos de las vitaminas, los minerales y los nutrientes que necesita nuestro cuerpo para mantener una buena salud. Así que le damos al cuerpo cada vez más comida, pero le siguen faltando las vitaminas y los nutrientes. Aquí es donde los suplementos pueden suplir lo que falta.

## Sustancias naturales para usted

Exploremos algunas de estas sustancias naturales que pueden favorecer la salud y la vitalidad mientras usted derrota a la obesidad en su vida. También veremos algunos de los suplementos disponibles, que debe evitar mientras da los pasos necesarios para llegar a su peso ideal.

**Una buena multivitamina.** Es importante que se asegure de recibir una buena cantidad de todas las diversas vitaminas que necesita su cuerpo, sobre todo si se halla agotado. La mayoría de las multivitaminas sólo contienen doce vitaminas, y a muchas de ellas le falta la vitamina K. Cuando compre un suplemento vitamínico, asegúrese de que la tiene. Le convendría escoger una multivitamina que pueda tomar dos o tres veces al día.

**Un buen multimineral.** Escoger un suplemento mineral es un poco más difícil que escoger un suplemento vitamínico, y a veces es más costoso. Halle un suplemento mineral que sea quelado, en lugar de contener sales minerales. La quelación es un proceso que consiste en envolver el mineral con una molécula orgánica, como un aminoácido, que aumenta grandemente la absorción.

Una advertencia acerca de los minerales coloides: Muchos tienen en ellos una cantidad sumamente alta de aluminio. También es posible que contengan mercurio, arsénico y otros minerales tóxicos. Por tanto, evite los suplementos minerales coloidales.

**Las vitaminas del complejo B.** Para evitar que nuestras glándulas suprarrenales se agoten, necesitamos suplementar a diario nuestra dieta con una multivitamina y fórmula mineral completa que tenga unas cantidades adecuadas de vitaminas del complejo B. La Multivitamina de Divine Health tiene vitaminas, minerales quelados y antioxidantes en una fórmula equilibrada completa.

**El ginseng** también puede ayudar a las glándulas suprarrenales. Si toma 200 miligramos de ginseng dos o tres veces al día, esto ayudará a las suprarrenales, permitiendo así que usted pueda manejar sus tensiones.

**La fórmula DSF** es un suplemento glandular suprarrenal fabricado por Nutri-West. Es una importante ayuda para que su cuerpo se pueda enfrentar a los efectos de la tensión, pero puede hacer que usted aumente de peso. Tome entre media tableta y una entera en el desayuno y en la comida.

**El 5-HTP.** Muchas personas con exceso de peso se sienten deprimidas, y yo he hallado que el suplemento de 5-HTP (5-hidroxitriptofano) en una dosis de cincuenta a cien miligramos tres veces al día con la comida no sólo ayuda con la depresión, sino que también favorece la saciedad, de manera que se consumen menos calorías en las comidas. No debe tomara el 5-HTP si está tomando algún otro antidepresivo.

**La fibra.** Otro suplemento que he hallado muy eficaz para favorecer la pérdida de peso y estabilizar el nivel de insulina es la fibra. Una cucharadita de fibra soluble, como Perdiem, que se vende sin receta médica, tomada por lo general cinco o diez minutos antes de las comidas con ocho o diez onzas de agua, hace que la persona se sienta llena. También ayuda a controlar el azúcar de la sangre y a bajar el nivel de insulina.

Entre las otras fibras solubles se encuentran el salvado de avena y la goma de guar. Evite el uso de las fibras solubles que contengan azúcar o NutraSweet.

**La garcinia cambogia,** conocida también como ácido hidroxicítrico, puede suprimir el apetito, además de inhibir la conversión de carbohidratos en grasa. La dosis normal es de quinientos a mil miligramos, tres veces al día. Se suele tomar unos treinta minutos antes de las comidas.

**El cromo** es un mineral que puede aumentar la sensibilidad del cuerpo a la insulina. Se halla de manera natural en nuestros alimentos, pero se puede perder gran parte de él cuando se refinan o procesan éstos. Por consiguiente, muchas de nuestras dietas son deficientes en cuanto al cromo. Además, las comidas rápidas, las sodas y el exceso de azúcar pueden agotar nuestro almacenamiento de cromo.

> Por demás es que os levantéis de madrugada, y vayáis tarde a reposar, y que comáis pan de dolores; pues que a su amado dará Dios el sueño.
> – *Salmo 172:2*

El cromo es un cofactor de la insulina. En otras palabras, si su cuerpo no tiene suficiente cromo, necesita más insulina para hacer su trabajo. Por eso, se libera una cantidad extra de insulina cada vez que se consumen comidas o bebidas altas en azúcar o en carbohidratos. El cromo FTG (o GTF) es el cromo factor de tolerancia a la glucosa. Sin embargo, debe cerciorarse de que esté certificado como biológicamente activo.

Hay otras formas de cromo, como el picolinato de cromo y el polinicotinato de cromo. El picolinato permite que el cromo entre con facilidad a las células del cuerpo, donde puede ayudar a la insulina a realizar su trabajo con mayor eficacia. No obstante, las pruebas hechas con esta variedad han indicado la posibilidad de algunos problemas, así que recomiendo que se escoja otra variedad, para estar seguros.

Se ha visto que los suplementos de cromo pueden disminuir la grasa del cuerpo, al mismo tiempo que aumentan la masa magra del cuerpo. Es probable que esto se deba a un aumento en la sensibilidad hacia la insulina. La dosis normal de cromo es de doscientos a cuatrocientos microgramos al día.

**Tenga cuidado con los suplementos que contengan efedrina, cafeína y aspirina.** Cuando vamos a la tienda de alimentos para la salud vemos estantes y estantes de suplementos para perder peso. Muchos de ellos son ayudas termogénicas, que contienen efedrina, cafeína y aspirina. Ahora bien, estos productos pueden subir la presión arterial y acelerar los latidos del corazón. Por eso es necesario que un médico controle a los pacientes cuando usan estos productos. Estos suplementos son muy eficaces para perder peso, pero hay unos efectos secundarios peligrosos que se pueden producir en algunas personas. Un médico lo debe examinar antes de comenzar a usarlos.

**Tenga cuidado con el quitosán.** Los productos que bloquean la grasa, como el quitosán, interfieren en la absorción de los ácidos grasos esenciales y las vitaminas solubles en grasa. Por tanto, no suelo recomendar estos suplementos, y no se deben tomar por un tiempo prolongado.

## Un estilo de vida que escogemos

Muchas personas tienen la esperanza de que aparezca alguna píldora o algún suplemento que los ayude milagrosamente a perder peso. Lo cierto es que no existe atajo alguno en cuanto a perder peso y mantenerse. La mejor forma de vencer la obesidad es un nuevo estilo de vida que comprenda una buena nutrición, ejercicio, suplementos y una diligencia constante. Las vitaminas y los suplementos que le he sugerido lo pueden ayudar, pero sólo usted puede tomar la decisión de comenzar un estilo de vida totalmente nuevo, lleno de salud, vitalidad y de lo mejor que tiene Dios para usted. Tome esa decisión en este mismo instante.

## Una oración de Cura Bíblica para usted

*Señor, gracias por las vitaminas y los suplementos que me pueden ayudar a combatir la obesidad. Ayúdame a ser diligente en un plan para vender a la obesidad, y a llevar un estilo de vida saludable, guiado por tu Espíritu, y por tu plan divino de salud. Amén.*

UNA RECETA
DE
CURA BÍBLICA

Ponga una marca junto a los pasos que está dispuesto a dar:

❐ Tomar vitaminas del complejo B
❐ Evitar la aspirina, la cafeína y la efedrina
❐ Usar fibra
❐ Tomar cromo
❐ Otro: _____

Describa la manera diligente en que está caminando en la salud divina:

_____

_____

_____

_____

_____

_____

_____

_____

## Capítulo 5

# Poder para cambiar por medio de la fe en Dios

Jesús dijo: "Vengan a mí todos ustedes que están cansados de sus trabajos y cargas, y yo los haré descansar. Acepten el yugo que les pongo, y aprendan de mí, que soy paciente y de corazón humilde; así encontrarán descanso. Porque el yugo que les pongo y la carga que les doy a llevar son ligeros" (Mateo 11:28-30, Dios habla hoy).

En todo el universo no hay amor mayor que el que Dios siente por usted. Él lo ama más de lo que usted se podría llegar a imaginar jamás, sin importar lo que haya hecho o dejado de hacer. Y anhela revelarle su amor en todos los aspectos de sus necesidades emocionales. Él lo llama tiernamente –en estos mismos momentos– para pedirle que le entregue todas las heridas, los dolores secretos y las desilusiones con los que ha estado cargando. La Biblia nos indica: "Echando toda vuestra ansiedad sobre él, porque él tiene cuidado de vosotros" (1 Pedro 5:7).

Vea una vez más lo que dice: "Vengan a mí". ¿Con cuánta frecuencia –por sentirse incómodo o nervioso, o por una paralizante incapacidad para enfrentarse realmente con su angustia emotiva, o por una vacía sensación de soledad– ha abierto el refrigerador para llenar un lugar vacío que hay en su corazón con un pedazo de tarta o un panecillo dulce?

Como sucede con las drogas, la comida puede anestesiar temporalmente el sufrimiento de la soledad, el abandono, los temores, la tensión y la angustia emotiva. No es de extrañarse que la población de los Estados Unidos esté aumentando de peso. Tenemos una nación que sufre emocionalmente por falta de amor. Sin embargo, la comida no puede llenar verdaderamente ese vacío; ni siquiera a pesar de que nos hayamos enfrentado a él por tanto tiempo, que ya apenas ni lo notamos.

Pero le tengo una buena noticia. Jesucristo puede llenar ese vacío y consolarlo en su angustia. Y está tan vivo hoy, y es tan real como cuando caminaba por las orillas del mar de Galilea. Tome la decisión de permitirle que lo ame tiernamente. Todo lo que tiene que hacer es pedírselo. Su amor sólo está a la distancia del susurro de una oración. ¿Por qué no inclina su rostro y hace esta oración ahora mismo?

# UNA ORACIÓN DE CURA BÍBLICA PARA USTED

*Amado Jesús, gracias por el gran amor que me tiene. Gracias porque moriste en la cruz para darme salvación, libertad y consuelo de todas las ansiedades, heridas, sufrimientos emocionales y torbellinos por los que he pasado a lo largo de la vida. Pongo mi carga ante ti, y te pido que me reveles ese gran amor que me tienes, de una forma tal que me sane y me consuele por completo. Amén.*

## ¿Se siente culpable porque tiene deseos de comer algo?

¿Ha sentido alguna vez que su deseo de comer ciertas cosas se reflejaba sobre usted con una especie de culpabilidad? El deseo de comer cosas que no son saludables sólo es la forma que tiene su cuerpo de indicarle que hay algo fuera de control. A partir de ahora, ponga esos deseos en manos de Dios en el mismo momento en que se presenten. Él le dará la fuerza necesaria para salir de ellos sin comer en exceso, además de gracia y sabiduría para comprender lo que le está tratando de decir su cuerpo o su corazón. Permita que esos deseos comiencen el proceso necesario para llevar de vuelta a su cuerpo al equilibrio físico y espiritual, y con ese equilibrio, a una salud mejor.

Uno de los motivadores emocionales principales que lo puede enviar corriendo al refrigerador en busca de consuelo, es la tensión. La tensión trabaja en contra suya en otros sentidos más.

## Las tensiones lo pueden hacer engordar

Usted puede mejorar grandemente su estilo de vida a base de reducir el impacto de las tensiones en su cuerpo. El exceso de tensión bajo el cual se halla usted a diario puede contribuir a la obesidad. Permita que me explique. Cuando usted se halla estresado, su cuerpo produce una hormona llamada cortisol, que es muy similar a la cortisona. Si usted ha tomado cortisona alguna vez, estará muy consciente de sus efectos secundarios. La cortisona hace que la persona aumente de peso.

Pues el cortisol puede producir el mismo efecto. Cuando sus glándulas suprarrenales producen cortisol durante los períodos de gran ansiedad y tensión, éste puede hacer que su cuerpo aumente de peso. Por tanto, el manejo de las tensiones puede ser una clave importante en cuanto a quebrantar las ataduras de obesidad en su vida.

La reducción de su nivel de tensión lo puede ayudar a perder peso y no volverlo a recuperar.

## Miremos más de cerca

Las tensiones afectan al corazón, a los vasos sanguíneos y al sistema inmune, pero también afectan de manera directa a nuestras glándulas suprarrenales. Estas glándulas, junto con la tiroides, ayudan a mantener los niveles de energía del cuerpo.

> Mírame, y ten misericordia de mí, porque estoy solo y afligido. Las angustias de mi corazón se han aumentado; sácame de mis congojas.
> – *Salmo 25:16-17*

El plan de Dios para su vida lo ayudará a disminuir sus tensiones. Su plan para usted es bueno; no malo. "Porque yo sé los pensamientos que tengo acerca de vosotros, dice Jehová, pensamientos de paz, y no de mal, para daros el fin que esperáis. Entonces me invocaréis, y vendréis y oraréis a mí, y yo os oiré; y me buscaréis y me hallaréis, porque me buscaréis de todo vuestro corazón" (Jeremías 29:11-13).

## El poder de las Escrituras

El plan de Dios para usted es que le entregue a Él todas sus preocupaciones y le permita a su paz que domine en el corazón de usted. Comience a aprender de memoria estas dos promesas para su vida, y a meditar en ellas:

> Por nada estéis afanosos, sino sean conocidas vuestras peticiones delante de Dios en toda oración y ruego, con acción de gracias.

Y la paz de Dios, que sobrepasa todo enten-
dimiento, guardará vuestros corazones y
vuestros pensamientos en Cristo Jesús.

— Filipenses 4:6-7

Echando toda vuestra ansiedad sobre él,
porque él tiene cuidado de vosotros.

— 1 Pedro 5:7

Cuando uno se aferra a sus preocupaciones y cuidados, se encuentra a sí mismo tenso y comiendo en
exceso, o sin cuidarse en lo que come. Cuando
alguien está deprimido y cree que lo peor aún no ha
llegado, es posible que se encuentre a sí mismo usando la comida como consuelo. Confíe en la Palabra de
Dios y en su plan para la vida de usted, y entréguele
todos sus cuidados y preocupaciones.

## El Consolador ha venido

En muchos lugares de la Biblia se le da al Espíritu
Santo el nombre de "Consolador". Dios sabe lo dura
que puede llegar a ser nuestra vida, y la frecuencia
con que tenemos que enfrentarnos solos a las dificul-
tades. Por eso se nos entregó a sí mismo como
Consolador. Cuando se enciende una luz en nuestro
corazón; cuando comprendemos de veras que Dios es
real, que está vivo, que no estamos solos y que Él nos
puede proporcionar el consuelo que necesitamos,
nunca volvemos a extender la mano hacia el vacío
consuelo de la comida.

Lo exhorto a estudiar los textos bíblicos que aparecen en este librito; léalos una y otra vez. En el momento en que se sienta tentado a buscar su consuelo en la comida, lea un versículo y ore. Dios le puede dar la fortaleza y la ayuda que necesita para vencer todos y cada uno de los aspectos emocionales de la obesidad. Lo hará totalmente libre.

## El pan de vida

Jesús dice que Él es el pan de vida. Cuando sienta un deseo emocional de comer cosas dulces, carbohidratos y otras comidas que no necesita, vaya en busca del que necesita: Jesucristo. Que su deseo de comidas ricas se transforme en señales que lo hagan ir en busca de las verdaderas riquezas de Cristo.

Recuerde sus palabras:

> Yo soy el pan de vida; el que a mí viene, nunca tendrá hambre; y el que en mí cree, no tendrá sed jamás.
>
> — JUAN 6:35

## Conclusión

Recuerde que usted no depende de la comida, sino sólo de Dios. Él le dará la fortaleza que necesita para vencer la adicción al azúcar. También lo ayudará a comprender que su fuente de consuelo o de fortaleza no es la comida, sino Él.

Dios está a su lado para ayudarlo. Ésta es su promesa: "No te desampararé, ni te dejaré" (Hebreos 13:5). Él es su ayudador, y la comida no es su enemiga. Sus enemigos son los pensamientos, hábitos y actitudes que lo tientan a comer las comidas que no debe, y por razones equivocadas. Pero Dios le da una mente y unas actitudes nuevas. Ya usted ha comenzado a hacer cosas que lo van a ayudar con eficacia a perder peso. No se detenga ahora. Haga esta oración de cura bíblica, y nunca se dé por vencido.

## UNA ORACIÓN DE CURA BÍBLICA PARA USTED

*Señor Dios, sólo tú eres mi fortaleza y mi fuente. Mi capacidad para permanecer firme en mi decisión de perder peso y comer de forma saludable viene de ti. Ayúdame a mantener la fuerza de voluntad que necesito. Dame el enfoque que necesito para poner en práctica todo lo que estoy aprendiendo. Omnipotente Dios, reemplaza todo desaliento con esperanza, y toda duda con fe. Yo sé que estás conmigo, y que no me dejarás. Te doy gracias, Señor, porque sé que me vas a ayudar a pasar esta batalla, y me vas a dar la victoria sobre la obesidad. Amén.*

## UNA RECETA DE CURA BÍBLICA

Copie esta lista de comprobación diaria y póngala sobre su refrigerador, en su bolso o en su maletín. Limítese a una cosa por día, para obtener los mejores resultados.

- ❒ Me levanté y oré, pidiéndole ayuda a Dios antes de salir de la cama.

- ❒ Leí un versículo de las Escrituras para pedir la fortaleza de Dios, y lo aprendí de memoria.

- ❒ Oré durante todo el día, pidiéndole a Dios que me ayudara y guiara continuamente.

- ❒ Comí equilibrado en el desayuno, el almuerzo, la cena y la merienda, siguiendo el plan de cura bíblica.

- ❒ Hoy tomé en fe la decisión de caminar, con la ayuda de Dios.

- ❒ Tomé vitaminas y suplementos, de acuerdo al plan de cura bíblica.

- ❒ Hice ejercicios de acuerdo con el plan de cura bíblica.

- ❒ Me siento fuerte y disciplinado, con la ayuda de Dios.

- ❒ Le doy gracias a Dios todo el día por la victoria sobre la obesidad.

# Conclusión

Tengo la esperanza que, a medida que haya leído este librito, haya descubierto que Dios, a pesar de ser tan poderoso, vino a compartir con usted ese poder. Usted no está indefenso ante las tentaciones, los temores, la soledad o la confusión. Una de las cosas más maravillosas de Jesucristo es que está muy cerca de nosotros. Tan cerca, que escucha hasta el susurro de una oración. Acérquese a Él en todas sus necesidades. No saldrá desilusionado.

— Dr. Don Colbert

# Notas

1. J. F. Balch y otros, *Prescription for Nutritional Healing* (Garden Park, NY: Avery Publishing Group, 1997).

2. H. L. Steward y otros, *Sugar Busters* (Nueva York: Ballantine Books, 1998), p. 246.

3. Aundra Macd. Hunter, Ph. D., Julie A. Larrieu, Ph. D., F. Merrit Ayad, Ph. D., y otros: "Roles of Mental Health Professionals in Multidisciplinary Medically Supervised Treatment Programs for Obesity", *Southern Medical Journal* (junio de 1997), http://www.sma.org/smj/97june2.htm.

4. Ibíd.

1. Steward, *Sugar Busters*.

El Dr. Don Colbert nació en Tupelo, estado de Mississippi. Estudió en la Escuela de Medicina Oral Roberts, de Tulsa, Oklahoma, donde recibió el título de Bachiller Universitario en Ciencias con especialidad en biología, además de su título de medicina. El Dr. Colbert realizó su internato y residencia en el Florida Hospital de Orlando, estado de la Florida. Ha sido certificado para la práctica familiar, y ha recibido un extenso adiestramiento en medicina nutricional.

Si desea más información
acerca de la sanidad natural y divina,
o información acerca de
los *productos nutricionales Divine Health*®,
puede comunicarse con el Dr. Colbert
en la siguiente dirección:

Dr. Don Colbert
1908 Boothe Circle
Longwood, FL 32750
Teléfono 407-331-7007

La página del Dr. Colbert en la web es
www.drcolbert.com

**La serie *La cura bíblica*
incluye los siguientes libros:**

*La cura bíblica para el síndrome premenstrual*
*La cura bíblica para los dolores de cabeza*
*La cura bíblica para las alergias*
*La cura bíblica para perder peso y ganar músculo*
*La cura bíblica para la presión alta*
*La cura bíblica para el DDA y la hiperactividad*
*La cura bíblica para el cáncer*
*La cura bíblica para la acidez y la indigestión*
*La cura bíblica para la artritis*
*La cura bíblica para la depresión y la ansiedad*
*La cura bíblica para la diabetes*
*La cura bíblica para las enfermedades del corazón*

www.casacreacion.com
407.333.7117
800.987.8432